U0023076

伍爾斐

Alan Wolfe

汪子惟◎著

編輯委員：李英明　孟樊　陳學明　龍協濤
楊大春　曹順慶

出版緣起

　　二十世紀尤其是戰後，是西方思想界豐富
多變的時期，標誌人類文明的進化發展，其對
於我們應該具有相當程度的啓蒙作用；抓住當
代西方思想的演變脈絡以及核心內容，應該是
昂揚我們當代意識的重要工作。孟樊教授和浙
江大學楊大春教授基於這樣的一種體認，決定
企劃一套「當代大師系列」。

　　從 1980 年代以來，台灣知識界相當努力
地引介「近代」和「現代」的思想家，對於知
識份子和一般民眾起了相當程度的啓蒙作用。

　　這套「當代大師系列」的企劃以及落實出
版，承繼了先前知識界的努力基礎，希望能藉
這一系列的入門性介紹書，再掀起知識啓蒙的
熱潮。

　　孟樊與楊大春兩位教授在一股知識熱忱的
驅動下，花了不少時間，熱忱謹慎地挑選當代
思想家，排列了出版的先後順序，並且很快獲
得生智文化事業公司葉忠賢先生的支持，因而
能夠順利出版此系列叢書。

　　本系列叢書的作者網羅有兩岸學者專家以
及海內外華人，爲華人學界的合作樹立了典
範。

　　此一系列書的企劃編輯原則如下：

1. 每書字數大約在七、八萬字左右，對每
　 位思想家的思想進行有系統、分章節的
　 評介。字數的限定主要是因爲這套書是
　 介紹性質的書，而且爲了讓讀者能方便
　 攜帶閱讀，提升我們社會的閱讀氣氛水
　 準。

2. 這套書名爲「當代大師系列」，其中所
　 謂「大師」是指開創一代學派或具有承
　 先啓後歷史意涵的思想家，以及思想理
　 論與創作具有相當獨特性且自成一格

者。對於這些思想家的理論思想介紹，
除了要符合其內在邏輯機制之外，更要
透過我們的文字語言，化解語言和思考
模式的隔閡，為我們的意識結構注入新
的因素。

3.這套書之所以限定在「當代」重要的思
想家，主要是從1980年代以來，台灣知
識界已對近現代的思想家，如韋伯、尼
采和馬克思等先後都有專書討論。而在
限定「當代」範疇的同時，我們基本上
是先挑台灣未做過的或做得不是很完整
的思想家，做為我們優先撰稿出版的對
象。

另外，本系列書的企劃編輯群，除了上述
的孟樊教授、楊大春教授外，尚包括筆者本
人、陳學明教授、龍協濤教授以及曹順慶教授
等六位先生。其中孟樊教授為台灣大學法學博
士，向來對文化學術有相當熱忱的關懷，並且
具有非常豐富的文化出版經驗以及學術功力，

著有《台灣文學輕批評》（揚智文化公司出
版）、《當代台灣新詩理論》（揚智文化公司出
版）、《大法官會議研究》等著作，現任教於
佛光人文社會學院文學所；楊大春教授是浙江
杭州大學哲學博士，目前任教於浙江大學哲學
系，專長西方當代哲學，著有《解構理論》
（揚智文化公司出版）、《德希達》（生智文化
公司出版）、《後結構主義》（揚智文化公司出
版）等書；筆者本人目前任教於政治大學東亞
所，著有《馬克思社會衝突論》、《晚期馬克
思主義》（揚智文化公司出版）、《中國大陸學》
（揚智文化公司出版）、《中共研究方法論》
（揚智文化公司出版）等書；陳學明先生是復
旦大學哲學系教授、中國國外馬克思主義研究
會副會長，著有《現代資本主義的命運》、
《哈貝瑪斯「晚期資本主義論」述評》、《性革
命》（揚智文化公司出版）、《新左派》（揚智
文化公司出版）等書；龍協濤教授現任北京大
學學報編審及主任，並任北大中文系教授，專
長比較文學及接受美學理論，著有《讀者反應

理論》（揚智文化公司出版）等書；曹順慶教
授現爲四川大學文學與新聞學院院長，專長爲
比較文學及中西文論，曾爲美國哈佛大學訪問
學人、南華大學及佛光人文社會學院文學所客
座教授，著有《中西比較詩學》等書。

　　這套書的問世最重要的還是因爲獲得生智
文化事業公司總經理葉忠賢先生的支持，我們
非常感謝他對思想啓蒙工作所作出的貢獻。還
望社會各界惠予批評指正。

李英明

序於台北

洪　序

　　伍爾斐是當代美國左翼思想界中一位非常
傑出的理論家，他不只是一位政治學者，也是
一位政治經濟學家和一位社會學家。他有關當
代資本主義的國家之結構、功能、型態、變遷
尤有深刻的理解與獨到的剖析，其理論較之業
已過世的英國米立班與法國朴蘭查（原為希臘
人）不遑多讓，而與哈佛大學政治學教授史寇
珀、德國大哲哈伯瑪斯、鴻博大學歐斐教授、
美國學者布洛克、鮑爾士、甄提士、英國賀爾
德等齊名，都是延續馬克思未竟的事業，企圖
對當代資本主義國家之形貌與危機加以客觀的
描述和有力的批判。

　　本書為青年學者汪子惟先生之傑作，係由
其碩士論文改寫而成。全書集中在伍爾斐早期

有關種種不同國家，例如：矛盾的國家、鬥爭
的國家、和諧的國家、擴張的國家、特許的國
家和跨國的國家之描述、剖析與分類。接著集
中在資本主義國家之特徵之細描，例如：鎮
壓、宰制與妥協，爲近期資本主義國家之特
色。這些特質馬克思或曾思及、體會，但不若
事後諸葛的親自經歷、體驗。是以在伍爾斐仔
細觀察、比較、歸類之下，吾人對當代資本主
義國家活靈活現的運作有了初步的理解。

　　汪子惟先生早期接受台大哲學系之訓練，
故其觀察現象、閱讀文本、評論人物，都能拿
捏準確、敘述穩當。本人忝爲其論文導師，幸
見其學有所成，故鄭重推薦給揚智及其姊妹出
版公司——生智文化事業公司以專書之面目來
出版。冀望一方面有助於吾人對當代西方馬克
思主義者之理論有所認識，更對當代西方資本
主義國家之生成、變化與運作有進一步的理
解。是爲序。

台大國發所教授

洪鎌德

自　序

　　對於一個看不慣世間不公不義，但又手無寸鐵、毫無能力改變世界的所謂知識份子而言，從事學術研究而希冀透過腦力勞動來達到批判與改造世界的目的，似乎是最後的手段了。本書就是秉持著這樣的一個信念所完成的，姑且不論它能達到多大的效果，筆者仍希望閱讀過本書之讀者，能夠透過本書所探討的許多觀點，來反省現存台灣社會的種種問題，這是筆者僅有的一個小願望。

　　這本書能夠順利出版問世，實在需要感謝許多曾經幫助過筆者的人。首先要感謝筆者論文的指導教授洪鎌德博士的大力推薦，才使得本書可以以現在的面貌問世。在筆者於三研所求學的這段期間，洪老師不時地給予筆者驅

策、鼓勵與打氣，而使筆者得以順利地完成學
業。在洪老師幽默風趣而又內容紮實的課堂
上，更使筆者得以透過一種非教條式的角度一
探馬克思主義、新馬克思主義，以及許多近代
西方思潮之究竟。進入三研所之後，能夠在洪
老師的門下從事研究，實令筆者感到不虛此
行，如果說這本書有值得肯定之處，都應歸功
於洪老師的指導。其次，筆者要感激淡江大學
歐洲研究所張維邦老師、台大政治系江宜樺老
師，以及台大國發所李碧涵老師，給予筆者許
多寶貴的意見，而使本書得以減少許多錯誤，
並且增色不少。

　　再者，筆者還要感謝許多年來一直給予筆
者幫助的朋友們：博士班吳季樹學長；高中死
黨世鴻、五塊、德義、茱頭、嘉男以及蠶；壘
球隊的戰友謝華、小旭、智守、蕭士、阿標、
小熹哥、楊富祥、小甜甜、淡水、lulu、阿
蘭、美國人；大學好友歐陽、瓊方、江冰、竹
內、靈秀、程曄、孟忠、國峰、秀瑋、黃訓慶
學長、曉芬學姊、鶴齡學姊；洪門子弟亦菜、

秀君、燕君，以及俊麟學長。

此外，筆者更應感激葉忠賢先生及孟樊先生，在出版界一片不景氣中，仍秉持著鼓勵學術研究的信念，不計成本地出版本書，此種勇氣實令筆者感到佩服與感激。生智文化公司諸位工作人員專業的工作精神，使筆者在遠離台北的軍旅生活中得以放心地將出版工作交由各位去執行，實是感激不盡。

最後，也是最應該感激的，就是我的母親——連春霞女士。從小父母異離後，母親便一個人負擔起養育我們三個小孩的責任。沒有一技之長，學歷又不高的母親，為了提供我們不虞匱乏的生活，每天辛苦工作到三更半夜才得以回家休息，數十年如一日。母親的汗水與健康，換來了我到這個已經接近而立的年紀，還能有充分的閒暇時間從事上層階級的學術工作，而不必分擔家計，每每思及，便覺汗顏。因此，筆者要在此將本書獻給我偉大的母親，希望她能以我為榮。

汪子惟

目　錄

第一章

緒　論

一、本書的目的

　　在當代資本主義社會中，國家已經在許多層面深深地影響了每個人民的生活。每個現代人從出生開始的報戶口、就學受教育、服兵役、繳稅、投票……一直到死亡，都在不停地和國家打交道。國家的功能、國家的運作、國家對吾人生命財產安全的種種作為，都使身處現代社會的我們無法忽視國家的問題。當代國家的發展亦與資本主義的發展有著密不可分的關係，自資本主義誕生以來，國家就在不同的程度上或淺或深地介入資本主義的運作，資本主義和資本主義國家之間的共生關係亦是我們無法忽視的。研究資本主義國家，也就是要研究在資本主義背後潛藏的權力關係，這可以使我們對資本主義的本質有更深刻的理解。

　　由於馬克思和恩格斯並沒有發展一套完整

與系統的國家學說（洪鎌德1995：185），並且
在兩人死後資本主義國家經歷了種種轉型，而
使得傳統馬克思主義國家學說的缺點逐一暴露
（洪鎌德1997d：344-345），因此發展出一套分
析當代資本主義國家的功能、結構與發展趨勢
的理論，便成了新馬克思主義者所努力的目
標。自1960年代中葉起，新馬興起了一股國家
熱，而在1970年代達到高潮。在這股對國家探
討的熱潮中，美國學者伍爾斐（Alan Wolfe）
是相當特殊的一位。他的理論既不是工具論
（instrumentalism），也不是結構論
（structuralism），而是吸收了結構論的原理又
擴大了黑格爾式的馬克思主義（Hegelian-
Marxism）的觀點（Gold 1975:43；洪鎌德
1995：195）。他將哈伯瑪斯（Jürgen
Habermas）、歐斐（Claus Offe）及歐康納
（James O'Connor）等人所主張的累積和合法
化之間的矛盾提升到意識形態的層次，認為在
資本主義發展之際，民主的理想和資本家的利
益產生了矛盾，並且將重點放在工人階級的鬥

爭和民主的關係上，而認為國家是階級鬥爭的
對象，這也就是對歐斐、歐康納等人的理論作
了重要的補充（Carnoy 1985:234, 253）。並且
伍爾斐的理論，在此種對資本主義國家矛盾功
能的分析途徑之中，是最成熟的一個（Bowles
& Gintis 1982:59）。

　　其次，伍爾斐國家理論的重要性不僅在它
的內容上，亦在其使用的方法上：此即歷史的
與辯證的方法。他曾說道：「馬克思主義最重
要的是一個方法，是把辯證的思考應用於社會
實在之上」（Wolfe 1974b:138）。從伍爾斐的研
究中，吾人看到了歷史運動的形式是激烈的矛
盾的結果（自由與民主、累積與合法性、工人
階級與資產階級……之間的矛盾），而國家在
每一階段所採行的解決矛盾的方法，必定會導
致下一階段的新矛盾之出現。透過辯證法，研
究資本主義國家的結構及意識形態的矛盾，以
及這些矛盾的轉化，伍爾斐的研究將馬克思主
義的國家理論提升到了一個新的層次。

　　相較於和伍爾斐同一時期的新馬克思主義

者，他的理論所得到的重視程度似乎不是很
大，對伍爾斐理論的探討文獻亦是屈指可數
❶。並且，在這些文獻之中，對他的國家理論
都僅止於簡略地介紹，而缺乏詳盡的、有系統
的、完整的探討與評價。然而筆者以為，像伍
爾斐這麼一位重要的新馬理論家，他所提出的
一套資本主義國家理論，以及他對資本主義社
會的種種敏銳洞察，卻遭到了忽視，這實在是
學術界的一大憾事與損失。因此本書最主要的
目的，就是企圖超越這些既有文獻之不足，完
整地對伍爾斐的國家理論進行系統化的整理與
詮釋。將此一北美先進的新馬理論引介給國內
學人，並試圖予以中肯之評價，以期對吾國新
馬克思主義之研究能有棉薄的助益，並有助於
國內學界日後繼續研究。

　　此外，在新馬對國家的討論中，主要關注
的是三個互相關連的問題：國家為什麼要替資
本家服務？國家如何發揮功能替資本家的利益
服務？以及更加根本的問題：什麼是國家？
(Gold 1975:29-32; Carnoy 1984:4；洪鎌德

1995：186-192）。因此本書的目的，亦是要從
伍爾斐的作品中，檢視他對這些問題以及其他
和國家有關之問題的解答，而使吾人對資本主
義以及資本主義國家有更深一層的認識。

二、本書的範圍與架構

　　由於伍爾斐的思想自1980年代末起有了一
個斷裂，因此本書所論及的範圍主要是鎖定於
伍爾斐早期站在新馬克思主義者的立場上，對
於資本主義國家的本質、國家的運作、國家的
演變、國家的妥協、累積與合法化、自由主義
與民主等等問題的論述與看法。在文獻上則主
要針對伍爾斐在1980年代中葉以前所發表的著
作，特別是1973、1977以及1981年的這三本巨
著，還有在這段期間內所陸陸續續發表的許多
重要的文章。此外，本書亦將會論及到對伍爾
斐早期國家理論有影響的思想家之理論，包

括：馬克思、恩格斯、葛蘭西（Antonio
Gramsci, 1891-1937）、米立班（Ralph
Miliband, 1924-1994）、朴蘭查（Nicos
Poulantzas, 1936-1979）、哈伯瑪斯、歐斐、歐
康納等人。以及在1970年代參與新馬克思主義
論戰的其他學者的國家理論，包括：布洛克
（Fred Block）、史寇珀（Theda Skocpol）等
人。然而，本書將不會刻意去比較各家各派和
伍爾斐理論之間的異同，而是會在行文中對特
定的主題做有限度的比較。

在架構方面，除了本章緒論以及第二章對
伍爾斐生平與著作的一個簡單的介紹之外，自
第三章至第六章，依序是從國家的矛盾、鬥
爭、鎮壓，一直到妥協，這樣的一個辯證的架
構來詮釋伍爾斐的理論。首先要從「什麼是國
家？」的這個問題導入伍爾斐理論的中心，並
且從影響伍爾斐國家理論的幾個思想源頭，來
探討他心目中資本主義國家的矛盾本質到底是
什麼。這是第三章「矛盾的國家」。

其次則是要探討伍爾斐透過辯證法所提出

的六種資本主義國家演變的類型，回答有關資
本主義和民主之間的矛盾如何體現在國家之
中，以及國家在這兩者的鬥爭之中，發展出哪
些解決方案，以及這些方案又導致了哪些更嚴
重的矛盾問題。這是第四章「鬥爭的國家」。

在第五章「鎮壓的國家」中，則是要討論
資本主義國家在眾多的矛盾中還能夠繼續存在
的一個最重要的再生產機制：鎮壓。透過對鎮
壓的探討來回答為什麼掌權者可以繼續統治，
而無權者會接受現存狀態的問題，並且進一步
論述伍爾斐對於鎮壓有沒有可能消失、鎮壓如
何克服的種種看法。

最後則是要探討在鎮壓逐漸失效後，資本
主義所發展出的最大妥協：社會民主，以及此
種妥協在美國的特殊發展。並且檢視此種妥協
的內在矛盾，進而探究在此妥協逐漸失敗之
際，資本主義政治會出現哪些困境，以及伍爾
斐對於資本主義國家未來可能發展的看法。這
是第六章「妥協的國家」。

在結論中，首先要探討的是伍爾斐的國家

理論，對新馬克思主義的國家理論有哪些貢
獻。其次則是要探討伍爾斐的國家理論有哪些
缺點。第三個部分則是探討伍爾斐理論後期轉
變的可能原因，並且大略地介紹伍爾斐理論的
轉變方向。最後，則是透過伍爾斐的理論對台
灣現況作一個反省。

　　必須指出，伍爾斐早期十分強調透過辯證
法來研究國家，因此在他的國家理論中充滿著
從矛盾、鬥爭、鎮壓，到妥協，這個整體的發
展過程。但本書基於論述的方便起見，將這個
完整的辯證發展過程分割成四個部分來討論，
只是為了凸顯這四個成分的個別特徵，並不表
示這四者是毫無關連的。例如，在矛盾的國家
部分，筆者強調的是國家的矛盾特徵，但這個
矛盾絕非靜止不動的，而是會透過鬥爭而不斷
地轉化，並且會發展出許多鎮壓與妥協的模
式，然後又再產生新的矛盾、鬥爭、鎮壓與妥
協。

註釋

❶ 在筆者能力範圍之內所找到的文獻，主要有：郭爾德
　（David A. Gold）等人的〈馬克思主義國家理論近來的
　發展〉（"Recent Developments in Marxist Theories of the
　Capitalist State"）、卡諾依（Martin Carnoy）的《國家
　與政治理論》（*The State and Political Theory*），以及洪
　鐮德的《新馬克思主義和現代社會科學》。詳見本書
　「參考書目」的部分。

第二章
伍爾斐其人及其作品

伍爾斐（Alan Wolfe），出生於西元1942年，美國政治學家、社會學家。早年求學時期受到了1960年代激進的政治運動所影響，因而立場傾向新左派，並立志從事左派理論的學術工作，不僅批判現存社會的不公與不義，更希冀能夠改變世界。1970年代初期，伍爾斐先後任教於紐約州立大學（State University of New York）的歐衛斯伯瑞學院（Old Westbury College）以及紐約市立大學（City University of New York）的理查蒙學院（Richmond College）、皇后學院（Queens College）。1972年他與麥考伊（Charles A. McCoy）合著了一本政治學教科書：《政治分析：一個非正統的途徑》（*Political Analysis: An Unorthodox Approach*）。有別於一般強調價值中立的主流政治學教科書，本書標榜追隨柏拉圖與馬克思以來的傳統，強調任何政治決定必定包含著道德的抉擇，並且希望培養學生對於現存秩序的批判能力，而不是一味地接受既定事實。1973年伍爾斐出版了第一本關於國家理論的重要著

作：《民主的黑暗面：美國的鎮壓》（*The
Seamy Side of Democracy: Repression in
America*）。此書是以馬克思主義的批判觀點來
檢視當代資本主義國家的一個最主要功能：鎮
壓，包括肉體上的暴力壓制以及精神上的意識
形態的壓制。這是伍爾斐關於國家理論的第一
本專著，本書不僅獲得了「普立茲獎」
（Pulitzer Prize）的提名，更奠定了伍爾斐在新
馬國家理論研究中的一席之地。1974年伍爾斐
在《政治與社會》（*Politics and Society*）雜誌
上，發表了〈馬克思主義政治理論的新方向〉
（"New Directions in the Marxist Theory of
Politics"）一文，文中提出了「異化政治」概
念，是伍爾斐國家理論的基本論點，並且企圖
調和結構論與黑格爾式的馬克思主義國家觀之
間的爭論。本文亦是郭爾德等人評述伍爾斐國
家理論的主要依據。

　　1970年代中期，伍爾斐曾經參與新左派雜
誌《資本國家》（*Kapitalistate*）的編輯工作，
並且是此雜誌社的「三藩市灣區研究小組」

(the San Francisco Bay Area Kapitalistate
Group）的一員，與一群新左派的學者共同研
究當代資本主義國家的種種問題。之後，伍爾
斐亦曾任《國族》（*The Nation*）以及《社會政
策》（*Social Policy*）雜誌的編輯，以學者的觀
點從事政治、社會批判的工作。在這段期間之
內，伍爾斐受到哈伯瑪斯、歐斐及歐康納等人
陸續發表的一些作品所影響，而將上述諸人的
主張，與自己早年關於資本主義國家的看法結
合。因而在1977年他出版了最廣為人知的一本
書：《合法性的限制：當代資本主義的政治矛
盾》（*The Limits of Legitimacy: Political
Contradictions of Contemporary Capitalism*）。
在本書中他將哈伯瑪斯等人所主張的累積和合
法化之間的矛盾，發展成自由和民主這兩個對
立的意識形態之間的矛盾。並且將過去二百年
來西方資本主義國家的發展，放進此一累積與
合法化、自由與民主之間矛盾鬥爭的一個辯證
架構中，而歸結出六種不同的國家的理念類
型。在《合法性的限制》一書所奠定的基礎

上，伍爾斐於1981年出版了《美國的困境：成長政治的起落》(*America's Impasse: The Rise and Fall of the Politics of Growth*) 一書。和上一書中意欲建立一個歷史發展通則的企圖不同，本書乃是由於他見到了1970年代末期新保守主義的抬頭，而欲從美國在二次大戰後國內政治鬥爭的角度——特別是一種透過追求經濟成長以及海外的擴張來解決保守派與自由派之間矛盾的作法，來探究導致美國在1970年代末所遭遇的種種困境的原因。類似觀點的作品，還有1984年所出版的《「蘇聯威脅」的起落：冷戰共識的國內起源》(*The Rise and Fall of the "Soviet Threat": Domestic Sources of the Cold War Consensus*)，也是企圖從美國國內政治鬥爭的角度，來探究冷戰意識形態的起源與發展。

在1984-85年以及1987-88年間，伍爾斐取得了傅爾布來特基金交換教授（Fulbright Professor of American）的資格，兩度前往丹麥的哥本哈根大學（University of Copenhagen）

以及亞魯士大學（University of Arhus）從事訪
問研究，並且學習丹麥文。在親身見到了北歐
福利國家的發展，並且與當地學人有了充分的
交流之後，伍爾斐早期激進的左派立場已經漸
漸動搖。1989年返回美國後，伍爾斐任職於社
會研究新學院（New School for Social Research）
教授政治學及社會學，並在此年將其在這段去
國時間的研究成果出版了《誰的守護者？社會
科學與道德義務》（*Whose Keeper? Social
Science and Moral Obligation*）一書。在本書
中伍爾斐已開始承認福利國家似乎可以為人類
帶來物質生活豐餘以及基本的平等，並且認為
當代社會的問題根源，不完全是經濟上的或政
治上的衝突，而是由於人類社會邁向現代化而
導致的道德義務的崩潰。因而他在此書中將其
研究的主題轉向了現代性（modernity）與道
德（morality），市場、國家與市民社會之間的
辯證關係，以及由此而來的社會學和其他的社
會科學——特別是經濟學和政治學——之間的
關係上。

1993年起，伍爾斐任教於波士頓大學（University of Boston）的社會學系，並曾擔任該系的系主任，全力投入社會學理論的研究工作。1993年他出版了《人類的差異》（*The Human Difference*）一書，作為《誰的守護者》一書的補充，企圖尋求社會學在眾多學問中的定位，並且強調社會學的研究途徑不能以對動物或機器的研究途徑取代，而必須回歸十九世紀的大社會理論（grand social theory）對哲學人類學的強調。1996年出版的《中間的邊緣化》（*Marginalized in the Middle*），則是集結了伍爾斐在1990年代所發表的數篇論文，其內容主要是以批判的觀點來檢視世紀末美國社會所面臨的種種失序問題，包括性別、色情、種族、福利、移民以及教育等等。

從伍爾斐著作的內容來看，吾人可以約略地以1989年為中心，將伍氏的思想與研究主題分成兩期。第一期是自1970年代初至1980年代中，此時期的伍爾斐關注的是馬克思主義的政治理論、意識形態、資本主義國家等問題，並

且相信要有劇烈的變革，才能徹底打破現存社
會的種種不公與不義，因而是個激進的新左派
份子。第二期則是自1980年代末至今，尤其是
1989年出版的《誰的守護者？社會科學與道德
義務》一書更是標示著伍爾斐的轉變。誠如他
在此書的序言中說道：「此書代表了和我早期
作品在研究主題以及政治觀點上的轉變」
（Wolfe 1989a:xvii）。自此伍爾斐的研究已甚少
論及具體的政治社會學與政治經濟學的問題，
他的研究主題轉而變成圍繞著社會學、社會批
判理論的研究途徑應該是什麼的後設理論與方
法論的問題。轉型後的伍爾斐，並沒有提出一
套具體可行的社會理論，而是企圖在經濟學、
政治學、自然科學以及文學理論等等學科中，
為社會學找到屬於自己的定位；並且在方法論
上企圖調和實然與應然、科學與道德、實在論
（realism）與浪漫論（romanticism）之間的差
異（Wolfe 1993a:xii-xiv）。

　　由於伍爾斐的作品數量極為龐大，涵蓋的
內容也十分繁雜，在此無法一一詳述，至於伍

爾斐詳細的著作年表，則請參閱本書「參考書目」的部分。而關於伍爾斐理論轉變的可能原因，則請參考本書第七章的部分，筆者不再贅述。

第三章
矛盾的國家

　　本章企圖從幾個影響伍爾斐國家理論的重要思想源頭，來重現伍爾斐如何建構其國家理論的思路歷程，並且從「什麼是國家？」的這個問題來切入伍氏國家理論的中心。伍氏認為國家是個矛盾之物，其矛盾表現在兩個層面上：意識形態以及結構。

一、意識形態的矛盾

（一）異化的政治

　　要了解異化的政治所代表的意義，吾人須先說明其對立面——非異化的政治，純正的政治，或者是當作政治的政治（politics as politics）。伍爾斐對政治的看法乃是受到青年馬克思的政治觀、社群觀和國家觀的影響❶。青年馬克思受亞里斯多德及黑格爾學說的影響，嚮往古希臘城邦理想的政治生活，推崇雅

典的政治體制與社會結構，認爲它不是烏托邦
而是理想的人群結合的模式（洪鎌德1997d：
351）。此時的馬克思把國家視爲生物體、有機
體，也是實現個人自由、追求公共之善（the
public goods）的理想共同體，而這種國家觀
與他的社群觀，特別是原始公社的社群理想相
當接近，也是馬克思企圖在階級消失、國家消
亡之後共產主義社會裡出現的社群（洪鎌德
1997d：342）。伍爾斐受到青年馬克思此種理
想社群觀的啓發，因而指出：

> 古代雅典人的例子說明了一個特殊的政治
> 定義是多麼深深地影響了一個社會的社會
> 生活。對他們而言，一個政治共同體就是
> 在此共同體中的人，大致上是平等的，並
> 且他們的生活情況是其內在需求和外在安
> 全都得到了滿足，以普通的形式追求良善
> 社會的完成，其定義包含了eleutheria（快
> 樂與逍遙）以及autarkeia（自我滿足）
> （Wolfe 1977a:289）。

　　簡言之，伍爾斐賦予「政治」這個詞一個理想式的、烏托邦式的意義，指的是人民積極主動地共同經營一個和樂的共同體，而朝向一個全體人類完全解放的大同世界邁進。純正的政治必定包含了「純正的民主」（genuine democracy）。亦即這個和樂共同體的權利是由人民所賦予的，因此這一共同體是人民所共同擁有的，人民有權參與此共同體的事務，並且以集體的行動爲眞實的平等而奮鬥。

　　雖然馬克思的國家觀從青年時代到晚年時代歷經了數度的轉變，由強調政治的理想面，轉而探討潛藏在政治外觀背後的經濟勢力（洪鎌德1997d：350），但伍爾斐認爲早期和晚期馬克思有一個基本的統一，而這可以從異化勞動和剩餘價值所看出，兩者的基本關懷是一樣的。早期馬克思把人設想爲一個社會存有，假定人有自我實現的本質，但這個人的本質卻透過了一種立基於異化勞動體系的特殊社會生活形式而受到扭曲。因此，伍爾斐寫道：

馬克思使用異化這個字的原始意涵，是源自於國家對教會土地的侵吞，馬克思把他的焦點置於他所謂的「吞併即是異化」（appropriation as alienation）；並非所有的勞動都是異化的，只有強迫性的勞動，工人為某些其他人服務的勞動才是「異化勞動」（Wolfe 1974b:145）。

簡言之，在資本主義社會中，人的勞動並非人的本質的實現，反而是在人的勞動過程中，產生了一個顛倒自身和人對立的客體，並且處處壓制著人。在這樣的社會中，「生命所呈現的，只是一個生活的手段」（Wolfe 1974b:145）。

至於晚期馬克思使用「剩餘價值」一詞，並非因為馬克思放棄了「吞併即是異化」這個概念，而是因為採用剩餘價值的概念，「不僅可使吾人看到工人獲得的比他所創造的少，更可看到由於此一過程使得此一體系得以再生產，在此當中產生了剩餘價值，因此用剩餘價

值一詞比用異化一詞更爲有力」（Wolfe
1974b:145）。總之，伍爾斐以爲早期、晚期馬
克思的基本關懷是一樣的，只是晚期的馬克思
爲了尋求有力的革命武器，因而把哲學的批判
轉化爲政治經濟學的批判。

伍爾斐認爲馬克思關於異化勞動、剩餘價
值及商品拜物教的經濟分析，應該要視爲政治
分析的一個隱喻（metaphor），而非政治分析
的首要原因。因此將早期馬克思的異化勞動概
念引伸到政治領域中，就成了異化的政治，亦
即在資本主義社會中，勞動過程產生了一個顛
倒自身與人對立的異化勞動，並且壓制著人，
在政治領域中也產生了一個類似的過程。伍爾
斐指出：「如果勞動表達的是異化勞動，則國
家就是……『虛幻的共同體』或異化的政治表
達」（Wolfe 1974b:146）。正如勞動是由工人所
生產，但卻成爲一個和工人異離的力量宰制著
工人；政治亦是由人民共同經營一個和樂的共
同體而產生，但卻以一個叫做國家的客體形式
和人民對立，並且以異化的形式宰制人民。在

《德意志意識形態》一書中，馬克思與恩格斯
曾指出：

> 由於共同活動本身不是自願地和自發地形
> 成，因此這種社會力量在這些人看來就不
> 是他們自身的聯合力量，而是某種異己
> 的、在他們之外的權力（馬克思與恩格斯
> 1972：39）。

由於人的勞動產生異化，對勞動的吞併而
產生了社會不平等，使人的社會本質無法實
現，國家就成為這個未實現的本質的表達，因
為「國家在人民之中鞏固了，並且制度化了這
個根本的不平等」（Wolfe 1974b:146）。因此馬
克思與恩格斯指出：

> ……這些特殊利益的實際鬥爭使得以國家
> 姿態出現的虛幻的「普遍」利益對特殊利
> 益進行實際的干涉和約束成為必要（馬克
> 思與恩格斯1972：39）。

同理，將晚期馬克思對商品拜物教的分析

引伸到政治領域，亦可得到一個政治拜物教或
異化的政治衍生品。正如馬克思所發現的，商
品是神秘的，其眞實的價值是隱藏在交換價值
的虛假表達背後，而有一個「虛幻的」特性。
馬克思認爲：

> 商品形式在人們面前把人們本身勞動的社
> 會性質反映成勞動產品本身的物的性質，
> 反映成這些物的天然的社會屬性，從而把
> 生產者同總勞動的社會關係反映成存在於
> 生產者之外的物與物之間的社會關係。……
> ……這只是人們自己的一定社會關係，但它
> 在人們前面採取了物與物的關係的虛幻形
> 式（馬克思1972：88-89）。

　　也就是說，在資本主義社會中，社會關係
顚到了，商品、物質事物變成人形化，被視爲
是自由的個體；而人卻失去了其成爲人的人類
本質，被當作是物質客體來對待，並且人和人
之間亦將對方視爲物質客體來對待（Wolfe
1974b:147）。這種關係神秘化的商品拜物教，

引伸到政治領域中，就成了社會關係神秘化的
政治拜物教。亦即在資本主義社會中，純正的
政治被去政治化，而本來並非政治的卻被表述
爲政治的。伍爾斐指出：

> 政治的根本問題 —— 誰擁有權力，爲了什
> 麼目的 —— 在資本主義社會中被視爲一個
> 行政上的問題；而完全不重要的問題 ——
> 民主黨還是共和黨會贏得下次大選 —— 卻
> 被視爲最重要的 （Wolfe 1974b:148）。

　　總結伍爾斐的論點，異化政治指的就是在
人民共同合作經營群體生活、締造國家時付出
了權力（就像他們進行生產活動時付出勞力一
樣），這些權力，特別是「剩餘的」（「多餘的」）
政治權力之再度奪取，就便利國家組織的出現
（洪鎌德1995：195）。並且這些人民所付出的
政治權力，反過來對付人民，而成爲一個處於
人民之上，並且形塑了的較高權威，人民對此
權威卻無法控制。由此可知：

資本主義的政治制度可以定義為一些吸收
共同權力的機構，而此共同權力是被宰制
的、佔大多數的社會階級成員的人民所共
同擁有的，並且國家是行使這些權力來統
治人民，亦即為了某些目的在人民身上施
行政治權力（人民本來的政治權力），並
且和人民相異離（Wolfe 1974b:148）。

總之，在資本主義社會中異化政治無所不
在，所有的社會關係都被以一種拜物教的方式
政治化了。

根據伍爾斐的看法，異化必包含兩個成
分：(1)榨取（expropriation）；(2)強加
（imposition）。因此，異化的政治必定亦是一
個雙向的過程：其一，國家從人民手中榨取權
力；其二，國家將異化的權力強行加諸在人民
身上。一般而言，資本主義國家是一種宰制階
級所採用，為了增進其利益的組織形式；因此
它會特別醒目的宣稱一種虛假的普遍性，以掩
蓋其狹隘的階級利益（Wolfe 1974b:149）。在

《德意志意識形態》一書中，馬克思與恩格斯
曾指出：

> 正是由於私人利益和公共利益之間的這種
> 矛盾，公共利益才以國家的姿態而採取一
> 種和實際利益（不論是單個的還是共同的）
> 脫離的獨立形式，也就是說採取一種虛幻
> 的共同體的形式（馬克思與恩格斯1972：
> 38）。

也就是說，宰制階級透過國家這個普遍性
的宣稱，而合理化社會階級關係的不平等，以
異化的力量迫使人民接受此一虛幻的共同體。
除此之外，資本主義的政治制度亦吸收政治權
力，這就類似於資本家吸收勞動力一樣，因此
「國家乃是人群社會活動剩餘權力的收拾者」
（洪鎌德1995：195）。馬克思在《路易·波拿
·巴的霧月十八》中指出：

> 每一種共同的利益，都立即脫離社會而作
> 為一個最高的普遍的利益來與社會相對

立，都從社會成員自己行動的範圍分割出
來而成為政府活動的對象（馬克思與恩格
斯1972：692）。

恩格斯亦指出：

……國家絕不是從外部強加於社會的一種
力量。……國家是社會在一定發展階段上
的產物；國家是表示：這個社會陷入了不
可解決的自我矛盾，分裂為不可調和的對
立面而又無力擺脫這些對立面。而為了使
這些對立面，這些經濟利益互相衝突的階
級，不致在無謂的鬥爭中把自己和社會消
滅，就需要有一種表面上凌駕於社會之上
的力量，這種力量應當緩和衝突，把衝突
保持在「秩序」的範圍以內；這種從社會
當中產生但又自居於社會之上並且日益從
社會脫離的力量，就是國家（恩格斯
1989：191-192）。

由此可知，馬克思和恩格斯乃是把國家當

成外在於人身，但卻又支配人的行爲之異化的
社會力量。它與社會迴異與分離，它雖是人群
的創造物、人造品，卻自具生命、自求發展，
置創造者的人類不顧，有時甚至反噬一口，轉
過頭來凌虐創造者的人類（洪鎌德1997d：
319）。因此伍爾斐認爲：

> 資本主義國家可以定義為一個政治體制，
> 對於再生產異化政治有首要責任，企圖維
> 持一個體制，該體制卻是自人民手中榨取
> 權力和橫奪權力（Wolfe 1974b:149）。

　　由於資本主義國家對於再生產異化政治有
首要的責任，因此它便陷入了一個矛盾：它必
須同時是一個階級的國家（class state），又是
一個普遍的國家（universal state）❷。此一矛
盾只能透過某些虛假的方式來宣稱其普遍性來
解決，亦即透過再生產異化政治來解決，「它
是從異化政治中興起，它的持續存在要靠異化
政治的永續」（Wolfe 1974b:149）。然而，以再
生產異化政治來解決異化政治的矛盾，只能緩

和前一矛盾的緊張，卻會製造出更多的矛盾，因此伍爾斐認為，根本的解決之道是在於徹底地廢除異化政治，才能化解資本主義社會中的種種矛盾。

（二）自由主義與民主的矛盾

如前所述，國家陷入階級的國家與普遍的國家之間的矛盾，而透過再生產異化政治來解決之。正如米立班所指出的，各個社會階級間的利益在本質上根本就是相互衝突的，沒有迴旋餘地的，因此國家根本就不可能代表一個普遍的利益，不可能成為整個社會的共同信託人：

> 國家能夠成為他們共同的信託人的觀念，是佔主導地位的階級用來掩蓋階級統治現實的部分意識形態煙幕，為的是要以它自己的眼界和以從屬階級的眼界來使這一統治具有正當性（Miliband 1995:92）。

也就是說，在社會階級的衝突中統治階級

之所以能夠維持其統治，從屬階級之所以會同意國家領導，靠的就是這種以虛幻的普遍利益來掩蓋其背後眞實的特殊利益的意識形態霸權。馬克思與恩格斯指出：

> 統治階級的思想在每一時代都是佔統治地位的思想。這就是說，一個階級是社會上佔統治地位的物質力量，同時也支配著精神生產的資料，因此，那些沒有精神生產資料的人的思想，一般地是受統治階級支配的（馬克思與恩格斯1972：52）。

葛蘭西認爲，統治階級掌握了意識形態的霸權，使人民接受、認同統治階級的觀念，意識不到國家統治的階級本質，在這種情況下，人民就會同意現有的統治，從而保證了現有政治制度的穩固。因此，一個階級在取得政府的權力之前，必須先建立起自己的意識形態霸權，而一旦取得權力之後，爲了維護此一權力，就必須要鞏固此種霸權（鄒永賢等1993：538）。也就是說，對葛蘭西而言，「制度的眞

正力量並不在於統治階級的暴力或國家機器的
強制力，而是在於被統治者對統治者『世界觀』
（conception of the world）的接受」❸。

　　葛蘭西和正統的馬克思主義不同之處在
於，正統的馬克思主義過分注重物質生產關係
和國家間決定性的作用，而容易導致一種呆板
的「經濟決定論」（economic determinism）
❹。葛蘭西反對這種簡單的工具式的或附帶現
象式的國家觀，認爲國家乃是一個階級的力
量，在階級宰制的組織中扮演一個重大的角
色，以確保布爾喬亞長期利益與統一，促進從
屬階級的忍讓，並且確保從屬階級對於統治的
積極同意（透過議會民主），或者是使他們
「去除動員」（demobilisation）（透過更專橫的
國家形式）（Jessop 1982:145-146）。

　　伍爾斐十分贊同葛蘭西的觀點，認爲不能
過度強調下層建築對上層建築的制約作用，上
層建築亦會影響下層建築，兩者是辯證地相互
影響的，並沒有哪一個是具有優先性的
（Wolfe 1974b:137-138）。伍爾斐不僅強調上層

建築的意識形態在維持與穩定資本主義統治的
功能，他亦和葛蘭西一樣認為資產階級的意識
形態霸權不是一種強制性力量，而是一個階級
鬥爭的產物，是一個矛盾的妥協之物（Carnoy
1984:70）。他認為這個矛盾就體現在自由主義
與民主這兩個對立的意識形態之上，而妥協則
是表現在一種名為「自由民主」（liberal
democracy）的意識形態之上。

在伍爾斐的眼中，自由主義一詞指的是一
種市場的意識形態（marketplace ideology），
是古典自由主義中，自由放任的觀點。亦即在
此自由主義之下，追求的是個體的自由發展，
但求個人能自各種社會束縛中脫綁而出，自由
而無限地發揮其潛能。它不在乎社會立足點是
否平等，反而把個體的淋漓發揮建築在個人、
家庭、社會位階、財富、機會的不均與不平之
上（洪鎌德1995：195-196）。因此，

> 自由主義的政治安排，可以定義為試圖排
> 除那些在傳統上的勞動力中對於資本的阻

礙，以促進資本的累積，鼓勵一種自利的
人之概念，並且創造一個政府的結構以利
那些有經濟事務能力的人，而無法以社會
的立場來控制此一體系（Wolfe
1977a:4）。

是故，「並非所有資本主義社會都是自由
主義的，但所有自由主義社會都是資本主義的
社會」（ibid）。

民主則是一個和自由主義完全對立的意識
形態。民主包含了兩個主要的成分：參與和平
等。由於共同體的權利是由人民所賦予的，因
此人民有權參與此共同體的事務。至於平等，
則不僅是指憲法上、法律上參政權的平等，更
應包含經濟機會的平等、社會財富均分的平等
（洪鎌德1995：196）。在伍爾斐心目中，包含
了參與及平等的純正的民主應該可定義爲：

　　一個促進所有公民參與極大化的一個政治
　　理想，以創造出一個以邁向所有人共同同
　　意的目的而努力的，以共同與相互尊重的

相互行動為基礎的共同體 （Wolfe 1977a:6）。

因此，這種包含了參與及平等的民主必會導致社會主義，故「並非所有社會主義社會都是民主的社會，但所有純正民主的社會必會是社會主義社會」（ibid）。

面對自由主義與民主這兩個對立的意識形態，資本主義社會發展出一種叫做「自由民主」的意識形態，試圖調和自由主義與民主的矛盾，並且得以合理化異化的政治。自由主義與民主的結合絕非理論上的，因為正如前述，自由主義追求的是個人主義、自利與侵吞；而民主追求的是參與及平等，兩者各有不同的目標。兩者之間的結合是實際上的，企圖調和兩者間的矛盾與衝突的一個權宜之計，將自由主義與民主間固有的矛盾藏在一個巨大的安協之下，才有了自由民主此一稱號。伍爾斐指出：

自由民主象徵了一種妥協，一種平分秋色（stand-off）。那些從一般的秩序（general

order）中獲得利益的人，十分樂意在特定的鬥爭中讓步，以換取維持一個他們可以長期得到好處的體系。這些利益在表面上是國家為全體人民所謀求的（在有限的程度上是如此），但卻同時保護了最有權勢者的利益（Wolfe 1974a:345）。

　　因此，將自由主義與民主結合而成的自由民主，其主要的貢獻有二：第一，自由民主對經濟和政治體系作了一個明確的區分，在自由民主中的人民，由後者（一人一票）所承諾的平等，事實上是由在前者中所蔓延的不平等所支撐的。亦即，人民在自由民主社會中所得到的政治權利是以犧牲其經濟權利為代價的。第二，自由民主只提供了少許的公正、正義以做為它在多數人民中的合法性，但它卻為宰制集團提供了足夠的控制，以為他們的需要服務（Wolfe 1975b:557）。由此可知，自由民主的真正目的仍是為統治階級與自由主義的利益而服務，這是由於自由主義面對著來自民主不斷的

壓力與挑戰，而做出的妥協與讓步。但誠如伍
爾斐所說，這種妥協與讓步並未有什麼根本的
改變，因爲這種民主只是一種抽象的民主、象
徵式的民主，以及捐客式的民主。伍爾斐和墨
斐（M. Brian Murphy）指出，在資本主義
下：

> 政治的領域變成了資本主義內部特定利益
> 買賣的競爭領域。民主被重新定義為利益
> 團體之間對抗的多元主義……民主的範圍
> 就是這些利益團體被允許參與磋商的範
> 圍。此種參與的代價就是去除動員
> （Murphy & Wolfe 1979:12）。

由於此種玩票式的民主，根本無法撼動社
會階級間基本的權力不平等，因此統治階級才
會樂於對特定的議題有所讓步，伍爾斐指出：

> 那些握有權力的人樂意在某些特殊的議題
> 上讓步，如此他們才可繼續握有對他們而
> 言最寶貴的東西 —— 讓步本身的權力

（Wolfe 1973b:54）。

　　然而，意識形態是一系列的觀念，用來證
成事物的現存狀態，並且使人民對於此現狀感
到滿意愉快，即使此現狀並不符合人民的眞實
需要。因此意識形態的重要性就在於它能夠讓
人民相信，要有可信度，就必須有某種程度的
一致性，並且能夠符合人民的需要與期望。然
而誠如伍爾斐所指出的，自由主義和民主是對
立的，兩者的目標是不同的，將兩者結合，則
會帶來矛盾與衝突，而會使社會陷入無法解脫
的困境之中，因爲「自由民主的困境乃是在於
自由主義拒絕民主的邏輯，而民主拒絕自由主
義的邏輯，但兩者都無法沒有對方而存在」
（Wolfe 1977a:7）。而這種矛盾不一致的本質，
會使自由民主作爲一種意識形態迷思的可信度
大爲降低。

　　此外，自由主義與民主的結合亦是代表了
意識形態與現實利益的矛盾，自由主義意識形
態所宣稱的理想，與人民眞實生活的感受產生

了差異，因而會產生人民不滿的鬥爭。

　　因此若只將自由民主視為資本主義統治階級所設計，用以維持其對於此政治體系的霸權，保護並增加統治階級權力的機制，則是只注意到自由民主的二元動態發展的一半。這個二元動態的另一半，仍是來自於下層人民對民主的要求所從事的種種鬥爭、抗議等激烈手段，以對抗統治階級，奪回其被侵吞的共同權力的一個結果。因此，自由民主做為一種改良的自由主義，絕非是統治階級有了先見之明所採行的策略，而是由於被統治階級試圖奪回其被奪走的權力，和統治階級進行鬥爭的結果。因此伍爾斐指出：

　　　　把一個體系標示為自由民主的，就是指出在少數人和多數人之間發生了階級鬥爭，而未解決。……一個政治的分析必須要試圖去了解這些鬥爭，而非自認為這些鬥爭早已解決（Wolfe 1977a:9）。

　　總之，伍爾斐認為政治權力與國家的原始

起源乃是從人民而來的，但反而在人民之上產生了一個異己的力量處處宰制著人民，而這個異化的力量之所以能夠遂行其所欲，乃是透過一種普遍性宣稱的意識形態迷思，作爲一種類似宗教、鴉片的功能來欺瞞人民。但這種意識形態不僅本身就是兩個彼此矛盾的觀念的組合，更和人民的現實生活不符，而會導致人民的不滿與反抗。因此，自由民主絕非單單是統治階級用以維持霸權的巧妙政治策略的結果，自由民主亦是由於下層民眾鬥爭的產物。國家則是階級鬥爭的競技場，它絕不是靜態的、單單受統治階級宰制的「布爾喬亞共同事務的行政委員會」，而是一個活生生的、變化中的、同時面對統治階級與下層人民的壓力不斷拉扯的一個矛盾的統一體。

二、結構的矛盾

（一）資本主義社會的權力結構

在結構的矛盾方面，首先要探討的是資本主義社會的權力結構問題。雖然權力結構的分析一般而言是工具論❺所採取的途徑，但伍爾斐似乎亦採納了此種研究的成果，認為此種研究最大的成就乃是反駁了多元主義關於國家超然中立於階級鬥爭之外的看法，並且證明了馬克思主義關於階級權力不平等的觀念在現實中是存在的。

伍爾斐認為在資本主義社會中，權力的結構可分為上、中、下三層，而每一層又可分為政治的和經濟的面向（參見**表2.1**）。經濟的權力是主要的，政治的權力則是次要的，但兩者是彼此奧援的。在經濟的最上層就是所謂的統

表2.1 美國的權力結構

權力種類 / 權力層次	經濟菁英（統治階級）	政治菁英（權力菁英）
權力的上層	大財團的主管、基金會的首腦等等 （功能：形成政體） 輸送帶（transmission belts）	總統以及國家行政部門、軍事部門、外交部門等等內部的官員 （功能：決定政策與執行政策）
權力的中層	組合的經理人員、高級的管理人員、退役的軍事官員、國家的利益團體、地方貴族 中層的資方、中層的管理人員、地方的利益團體、較大的小型商人、工人領袖 一般小型商人、專門技術人員、高薪工人	國會議員、司法人員、州長、低層的行政部門 市長、州的立法人員、其他的司法人員、市與州的官員 鄉鎮的官員
權力的下層	辦公室雇員、藍領工人 非技術工人 年輕人、「偏差」團體（"deviant" groups）、家庭主婦 失業者、被污衊、打烙印（stigmatized）的人、無業遊民	

資料來源：Wolfe 1973a:63　筆者重加繪製。

治階級,而政治的最上層則是國家的統治菁
英。統治階級乃是那些佔有主要經濟位置的
人,佔全體人口比例可能不到百分之一,但卻
擁有完全不成比例的經濟勢力,他們控制了主
要的銀行和公司、基金會、上流大學、傳播媒
體等等。他們不必然都是社會貴族,也不必然
都佔有政府中的重要位置,他們也會開放給新
來者,但他們大多數仍是商人或商人後裔
(Wolfe 1973a:67)。而統治階級最主要的功能
乃是:生產與再生產資本主義的意識形態,以
及為此意識形態所服務的資本主義結構
(Wolfe 1973a:65)。也就是說,統治階級之所
以是統治階級,乃是因為他們建構了一個意識
形態的霸權,使被統治者接受他們的價值觀、
世界觀❻,並且使整個社會的運作都符合此資
本主義的共識。亦即,由於整個社會是一個資
本主義的體系,任何屬於全體社會的「公共」
利益在大部分情況下都會成為資產階級的利
益,因此只要資本主義能夠順利運作下去,統
治階級就是社會最大的主宰力量。

　　政治權力的上層包括了總統以及聯邦政府
的行政、軍事、外交部門的官員，他們的主要
功能在於制定並且執行政策。統治階級透過種
種方法來影響國家管理者的決策，包括：由統
治階級的成員直接進入國家部門，或者是透過
輸送帶❼來對統治菁英施加壓力，或者是仗著
其所擁有的強大經濟勢力，給予政治菁英種種
支援，以及作爲一個強大的壓力團體，以不再
投資或投資罷工等等手段來威脅國家。伍氏認
爲政治菁英可能會有某種程度的自主性，這樣
不僅可以使國家呈現出中立的樣子，而滿足民
主的宣稱，並且有利於解決統治階級內部，以
及各個階級間的衝突。然而這些政治菁英基本
上仍然受到統治階級所支配，因爲他們「幾乎
所有可用的政策的選擇範圍，都是在資本主義
社會的基本結構之中」（Wolfe 1973a:62）。

　　在權力的中層亦可以分爲經濟與政治兩種
權力。在經濟權力方面，包括了經理人員、利
益團體、小型商人、工會領袖等等。政治權力
方面則是包括了國會議員、司法人員，以及地

方的行政、立法、司法人員。這些權力的中層
有一個共同的特色，就是：他們既是有權力的
又是無權力的，既是宰制別人的又是被宰制
的，他們受到權力的上層的指揮、支配與控
制，他們亦將其勢力強加在權力的下層人民身
上。

權力的下層則是工人、失業者、少數民
族、無業遊民、被污衊者、被打上烙印的「劣
等人」等等。而他們之所以位於權力的最底
層，最主要是因為他們無法透過制度的方式來
將自己的意志加諸在他人身上，他們慣於接受
（有時是自願地，有時是非自願地）這種由統
治階級所形成的世界觀與生活方式（Wolfe
1973a:83）。他們通常是無助的、聽天由命
的，認為社會與政治世界是永遠無法改變的。
然而他們的存在既是統治階級種種優勢的根
源，又是對統治階級的最大威脅。只要他們繼
續默默接受統治階級的霸權宰制，則他們不僅
提供了統治階級所需的勞動力與消費市場，更
不會有人起來撼動此一不平等的權力結構。但

若他們了解到自己的無助的處境並且試圖改變
之，則會影響到整個體系的穩定發展，而會導
致統治階級與國家的鎮壓或妥協。

由於國家最主要的任務是使資本主義得以
順利地運行，資本主義階級衝突的本質使國家
必須作為衝突的解決者，而有了某種程度的相
對自主性。伍氏認為國家只有在下層人民的壓
力過大，而嚴重到會威脅其統治的合法性時，
才會做出違背資產階級利益的決策。國家的種
種改革絕對不是英明領袖的先見之明，而是下
層人民鬥爭的結果：「自由社會的許多勝利乃
是透過那些不自由的團體的殉難才達成的」
（Wolfe 1973a:229）。階級鬥爭使國家得以相對
自主於資產階級，但也使國家成為鬥爭的場所
而陷入一連串的矛盾與羈絆之中。

由上面的分析，吾人必須指出伍爾斐的權
力結構分析在很大的成分上是受到米立班與葛
蘭西的影響的。一般而言，工具論對權力結構
的分析是想要證明在社會上佔有經濟優勢位置
的人，亦控制了政治與意識形態的權力，在資

本主義社會中對資本的控制是最重要的一個權
力來源，資本可以轉化爲對其他資源的直接控
制（例如：國家的公職、教育等等），資本也
可以用來影響那些控制其他資源的人（例如：
競選經費、研究補助等等）（Barrow
1993:16）。米立班指出：

> 統治階級佔有並控制物質和「精神」生產
> 的工具的最主要部分；而且透過這點，統
> 治階級也在國家中控制、統治和指揮，或
> 者也在國家裡頭佔主導地位（Miliband
> 1995:93）。

然而，此種看法遭致了兩種批判：第一，
事實上資產階級並未直接控制國家機器中大部
分的位置；第二，國家並非全然受統治階級控
制，國家會有某些相對自主性。針對第一個問
題米立班的看法乃是，資產階級的確並未佔有
國家大多數的主要位置，但佔據國家位置仍然
是資產階級控制國家的一個重要的武器。而國
家機器在運作上之所以會偏袒資產階級，乃是

因為意識形態的因素。米立班認為，作為一種
社會化的重要機制的意識形態體系（包括國家
的意識形態機器以及私人的意識形態機器）的
主要位置都是由資產階級所掌控的，國家的管
理菁英只能在資產階級所設定的意識形態範圍
內做出決策（Barrow 1993:29）。因此，國家菁
英之所以會為資產階級服務，乃是因為他們在
意識形態上被灌輸了此一觀念：為資產階級的
利益和目的服務，從廣義上來說，就是為「國
家利益」或「整個國家」的利益服務
（Miliband 1995:95）❽。

　　針對第二個問題，米立班認為國家絕對不
是統治階級單純的工具，因為資產階級是一個
由不同的、甚至相互衝突的各種組成份子或派
系所組成的整體，國家必須中介或協調這些派
系間的利益衝突，因此國家必須有某種程度的
自主性（Miliband 1995:93-94）。然而此種相對
自主性並不會減低國家的階級特性，因為國家
的相對自主性才使國家有可能以適當的彈性方
式來發揮其階級作用（Miliband 1995:116）。

也就是說，國家的相對自主性並不是要推翻資本主義，而是要確保資本主義能夠順利地運作下去，由國家所發起的改革雖會違背資產階級的短期利益，但卻可以換取資本主義體系的長期存續。因此，國家的相對自主性仍舊是為資產階級服務的。

從上面的探討，吾人可以發現伍爾斐和米立班似乎都受到葛蘭西的影響，強調統治階級意識形態霸權的重要性。伍爾斐和米立班都相信統治階級之所以可以掌控巨大的勢力，乃是和他們在意識形態上的霸權有關，統治階級建構了自己的意識形態霸權，透過此霸權來掩蓋社會的真實利益，以虛假的普遍利益來掩蓋其真實的階級利益，而國家只能在統治階級所設定的意識形態中運作。雖然國家在運作上有一個階級的偏見（bias），但伍爾斐和米立班都相信國家有一個相對的自主性，雖然會做出不利於資產階級短期利益的決策，但其目的仍是要維持住資產階級的長期霸權。然而伍爾斐和米立班不同的是，伍爾斐更重視下層人民在奪

回霸權時所扮演的角色，伍爾斐更強調階級力
量間的平衡拉扯才是造就國家自主性的主因
❾，而正是這個自主性迫使國家必須完成兩個
互相矛盾的任務（累積與合法化），而陷入了
難以自拔的矛盾之中，並且會限制了國家再生
產資本主義體系的作用❿。

（二）國家的矛盾功能

根據伍爾斐的看法，國家並不完全等同於
政府，政府只是國家的表象，而國家卻是隱藏
在政府背後的一組設施（apparatus），用來再
生產資本主義社會體系（Wolfe 1974a:149）。
也就是說，國家是一個過程，在特定的結構中
呈現，而國家的功能就是維護並且再生產資本
主義的社會結構，如果這任務無法由自主的市
場經濟來完成的話。因此，國家的政策與國家
的制度都要以它們在維持資本主義體系的「功
能」上來理解（Barrow 1993:51）。

伍爾斐指出，國家在生產異化政治的過程
中扮演的榨取（expropriation）與強加

（imposition）的角色。這種提法正符合哈伯瑪斯、歐斐以及歐康納等人所提出的資本主義國家的資本累積（accumulation）及合法化（legitimation）的功能的說法，累積就是榨取，而合法化就是強制／哄騙（Wolfe 1974b:155）。並且「自由主義是累積的意識形態與證成，而民主則鼓吹合法性、某種人民的參與以及某些平等的重要性」（Wolfe 1977a:7）。

歐康納對美國的財政預算研究後發現，資本主義國家必須嘗試去滿足兩個基本且互相矛盾的功能：累積與合法化。也就是說，現代國家財政支出的增加乃是壟斷部門持續成長的根基，因為壟斷部門的可獲利性是依賴於國家對經濟下層建築（infrastructure）的支出。同時，為了維護合法性，國家必須迎合那些受到經濟成長的代價所帶來的痛苦所折磨的人逐漸增加的物質要求（Barrow 1993:106；洪鎌德 1995：194-195）。他指出：

國家必須嘗試去維護或創造使有利可圖的
資本累積成為可能的各種條件，但國家也
必須嘗試去維護或創造社會和諧所需的各
種條件（O'Connor 1973:6）。

　　歐康納將國家的財政支出區分爲：社會資
本（social capital）與社會開支（social
expenses）。社會資本乃是指那些維持或誘發
有利可圖的商業活動（亦即資本累積）所需的
國家支出。社會資本又可區分爲：社會投資
（social investments）與社會消費（social
consumption）。社會投資乃是用來增加勞動生
產力與商業利潤的方案與服務，包括：工業園
區、州際高速公路、機場、港口、科學研究與
發展，以及通訊系統等等。社會消費則是降低
勞動力再生產成本的方案與服務，包括：社會
保險、教育、住宅、醫療保健等等。社會資本
至少都是具有間接生產性的，用來協助私人資
本生產剩餘價值。而社會開支則是國家將經費
投注於那些連間接生產性都不具備的方案與服

務當中，包括社會福利與國防支出等等
（Barrow 1993:106；洪鎌德1995：194-195）。

　　歐康納認為國家的許多支出既是維持資本
累積所需的社會資本，同時又是設計用來維持
合法性的社會開支，例如：社會保險有助於勞
動力的再生產（社會消費），但另一方面，對
於貧民的所得補助有助於安撫與控制剩餘人口
（社會開支）（O'Connor 1973:7）。按照歐康納
的看法，如果國家持續介入資本累積的過程，
透過社會資本支出而產生了社會的剩餘，則這
些剩餘必定是落入壟斷部門的資本家與勞工之
手。而這些壟斷部門的資本家與勞工必會反對
將這些增加的剩餘（稅）挪用於社會開支。同
時，壟斷部門以外的人則會產生對納稅的抗
拒，因為他們既不是社會資本亦不是社會開支
的直接受益者。結果稅收的受限以及不斷增加
對國家支出的需求產生了國家財政的危機，表
現為國家財政赤字的不斷擴大（Barrow
1993:107）。

　　哈伯瑪斯及歐斐則是透過系統分析來探討

國家的基本功能，他們認為應該將現代資本主
義概念化為一個系統，而由三個相互關連且自
主的次系統組成，包括經濟次系統（economic
system）：指的是工作場所中階級間的生產關
係，以及市場中買方與賣方的交換關係；政治
次系統（political system）：指的是行政、立
法、司法三大部門，也包括政黨、利益團體等
政治活動，也就是狹義的國家；以及規範（社
會化）次系統（normative [socializational]
system）：指的是塑造社會文化、意識形態等
規範價值的機制，例如家庭、學校、大眾媒體
等等（Offe 1984:40-42, 48-50；藍欣開1998：
56-57）**⑪**。

歐斐認為由勞動市場所組成的經濟次系統
會不斷地受到潛在的分解（disintegration）所
威脅，因為勞動力並不是真正的商品。結果經
濟次系統任何進一步的再生產，都需要社會化
次系統的支持以及政治次系統的干預（Barrow
1993:98-99）。也就是說，勞動市場要能順利
地運作，就需要有一個社會化的機制來支撐一

個規範的結構，在此規範結構中將勞動力合法
化爲商品，如此不僅可以維持民主的合法性，
又可使經濟次系統內的勞動人口安分守己地工
作。此外，政治系統則必須支持社會化系統，
並且提供維持勞動市場不平等交換所需的壓制
與獎勵。亦即，政治次系統要獲得經濟次系統
在財政上的支持與賦稅的來源，就必須提供社
會投資以促進經濟次系統的運作，並且一方面
透過司法、軍警來壓制社會化次系統中可能出
現的不滿情緒，另方面又透過社會福利政策將
社會開支輸出於社會化系統，以換取其對政治
系統的合法性支持（Offe 1984:48-50）。

　　歐斐認爲國家作爲階級鬥爭的斡旋者必須
積極地介入社會化與經濟次體系，而使國家有
了相對自主性（Carnoy 1984:130）。但造成此
種相對自主性的原因，並不是像米立班所主張
的工具性因素，或者是朴蘭查所認爲的結構性
制約（structural constraints）⓬。歐斐認爲國
家有自己的利益考量，透過一種選擇性的機制
（selective mechanism）⓭來從事決策。也就是

說，資本主義國家必須滿足再生產自己的某些
條件，包括：(1)排除原則（principles of
exclusion），國家不能命令或控制生產的進
行，國家只能透過提供私人資本獎勵來勸誘其
投資。這是一種選擇性機制，用來排除私人資
本所不喜的社會政策；(2)維持原則
（principles of maintenance），國家機構為了本
身的生存，必須創造並且維持一個有利於私人
資本累積的環境與條件；(3)依賴原則
（principles of dependency），國家決策權力與政
策執行能力依賴於累積過程的順利與持續，國
家機器的運作依賴於私人資本累積所產生的剩
餘（表現為稅收）；(4)合法化原則
（principles of legitimation），國家機構的人員
的權力基礎必須來自於全體人民的託付，而表
現為一個為全體社會謀求共同福祉的國家
（Barrow 1995:99-104）。

　　然而歐斐認為國家在滿足這些條件時，必
定會遭遇到累積與合法化功能之間的衝突，國
家不可能既代表資本家的特殊利益來維護資本

累積過程的順暢，又代表全體人民的普遍利益
而取得民主合法性的支持，而這就是現代福利
國家矛盾的根源所在。現代國家作爲一個危機
管理者而出現，透過積極地介入私人累積與民
主合法性的種種作爲，不但沒有解決第一重危
機（first order crisis，指的是資本主義的內生
性危機），反而招致了國家本身的第二重危機
（second order crisis，指的是政治系統與規範系
統的危機）（藍欣開1998：77）。

　　伍爾斐從上述歐康納與歐斐等人的分析出
發，結合了哈伯瑪斯關於合法化概念❹的看
法，而將國家累積與合法化功能的矛盾提升到
意識形態層面來分析。他認爲由「自由民主」
這一詞固有的緊張關係所象徵的西方政治本質
的矛盾，是透過累積與合法化的需求之間的矛
盾所表達的。

　　一個需要累積的私有體系產生了一種自由
　　主義的意識形態，而構成了關於國家的公
　　共概念；對於民眾的接受與順服的需求則

產生了政治生活的民主觀念而和前者十分
對立（Wolfe 1977a:247）。

他認為資本主義國家做為一個階級的國家
必定會被期待用來幫助私人資本的累積。雖然
自由主義的意識形態要求國家愈少干預私人資
本累積愈好，但是事實上根本就不可能有所謂
的完全自由放任的國家出現。自由放任不是自
然的產物，而是人為創造出來的。自資本主義
開始發展以來，國家所從事的第一個任務就是
以國家控制的權力創造出沒有控制的狀況
（Wolfe 1974b:159）。因此國家自始就被要求提
供資本累積所必須的要素，在資本主義早期是
提供資本家一個自由競爭的環境。隨著資本主
義的發展，資本的累積產生了種種的困難，資
本家對於國家累積功能的依賴愈來愈大，國家
也就愈發涉入私人資本的累積過程（Wolfe
1975b:560）。特別是當資本家發現經濟競爭所
造成的嚴重後果時，他們便會想把競爭的結果
合理化與規則化，透過人為的手段以維持其高

利潤，因此會產生企業聯盟，壟斷企業，最後
則是國家的直接介入（Wolfe 1978a:427）。

　　其次，資本主義國家亦要扮演一個普遍的
國家之角色，因此它必須執行合法化的功能，
以維持階級間的穩定與和平。由於私人資本的
累積造成了社會的不平等與不公，被剝削的人
民便會對此體制產生不滿，進而會以各種抗爭
的行動，來要求這個普遍的國家對其做出回
應。因此，對於來自下層人民的民主要求的挑
戰之回應，造就了國家的合法化功能，而和累
積的功能十分對立。雖然國家對於來自下層人
民的壓力之回應，沒有其對資本需求之回應來
的多，但合法化功能對於國家維持此一資本主
義體系的存續，是十分重要的一項功能。因此
他指出：

　　　雖然這些「從上層而來的解釋」是很重要
　　　的，但是它們無法取代那些以下層的壓力
　　　為基礎的解釋。教育、廢除童工，以及社
　　　會服務的產生，都是以含有反資本主義寓

意的民主壓力為基礎的。……國家對私人
生活的介入，是對這兩種力量（上層與下
層）的回應，正如國家對經濟生活的介
入，是包含著擁護資本主義（pro-
capitalist）與反資本主義（anti-capitalist）
的成分一樣（ibid）。

也就是說，在伍爾斐心目中，預先假定了
資本主義社會中階級力量的平衡，人民群眾和
資產階級都無法完全奪取國家的權力（Carnoy
1984:230）。國家的自主性乃是由於國家介於
階級鬥爭之間，而成為階級鬥爭的對象，並且
企圖調和階級鬥爭，而對鬥爭雙方的要求都必
須有回應，因此國家便得以相對自主於社會各
階級之上，而積極地介入經濟、社會以及文化
等等各個領域中。伍爾斐和墨斐指出：

發達資本主義最顯著的一個發展就是國家
的出現，而成為社會生產的主要所在地，
以及社會再生產的鬥爭的主要制度性所在
地（Murphy & Wolfe 1979:24）。

但正如自由主義與民主、階級的與普遍的
國家之間的矛盾一樣，國家用來調和階級鬥爭
的累積與合法化功能，儘管使國家的規模和潛
在的權力都得以擴大，但國家卻無法同時滿足
這兩樣功能，反而會使國家自己陷入了更加無
法自拔的矛盾。國家被投置在一個不可能解決
的處境之中：

> 如果它想要滿足其累積的功能，則它要冒
> 著失去合法性的風險；但是如果它的目標
> 是合法化，則它可能會傷害到資本累積的
> 過程（Wolfe 1975b:560）。

歐康納與歐斐所提出的累積與合法性之間
的矛盾，是比較強調國家機構內部鬥爭的經濟
面向，認為國家的合法性問題是選民的物質利
益問題（勞動力的商品化）（Carnoy
1984:229）。但伍爾斐把這種純粹的經濟矛盾
擴展到更廣泛的物質基礎和意識形態之間的關
係上，認為累積和合法化之間的矛盾，主要是
根源於資本家的物質好處和人民的民主意識之

間的矛盾。他指出：

> ……國家若想保護累積的功能，便無力維
> 持民主的辭藻，如果忠於民主的意識形
> 態，就無法刺激進一步的累積（Wolfe
> 1977a:329）。

在伍爾斐心目中，資本主義國家中的鬥爭
不是在於經濟或政治權力的衝突，而是資本家
的經濟利益（資本累積）與工人階級透過被壓
迫的從屬團體的民主之夢所限制了累積的過程
（在某種程度上表現爲增加國家的社會經費）
之間的鬥爭——換句話說，是意識形態架構內
的階級利益之爭（Carnoy 1984:279）。他指
出：

> 來自下層的壓力成為一種驅動力，促使採
> 取新的方法解決資本主義的政治矛盾，它
> 也是廢棄以往的解決方法的主要原因。沒
> 有這種壓力就不會出現任何緊張的局面，
> 也就沒有什麼事物足以阻止資本主義國家

為純粹且簡單的累積機制服務。民主之夢
來而復去……但即使它們暫時被壓抑，卻
不能小看他們的存在（Wolfe
1977a:341）。

三、小結

　　本章從影響伍爾斐的幾個重要的理論中大
略勾勒出了伍氏心目中的國家圖像。他從馬克
思青年時期的國家觀、社群觀接收了關於建立
人類理想共同體的終極理想目標，並且運用馬
克思關於異化勞動的概念分析人群從事政治活
動的異化，而認為國家乃是異化政治的產物，
是人民企圖建立一個理想共同體時所交付出的
力量，反過頭來卻與人民異離並且變成人民頭
上的一個神聖不可侵犯的權威，並且處處宰制
著人民。
　　其次，伍爾斐受到葛蘭西的影響，認為人

民的力量和國家的異化力量會由於人民本身的覺醒而產生矛盾，而這個矛盾就體現在統治階級企圖建立其意識形態的霸權上，這個霸權不是強制的，而是矛盾鬥爭的產物，表現為一種將自由主義與民主這兩個矛盾的意識形態結合起來的自由民主。

他亦受到米立班等人對權力結構分析的影響，而指出了在資本主義社會的確存在著等級制的不平等權力結構，這種不平等的權力壓制不僅存在於經濟、政治之中，造成此不平等的權力根源，追根究底仍是統治階級的意識形態霸權。

最後，他亦接受了哈伯瑪斯、歐康納、歐斐等人的研究，認為國家陷入了累積與合法化這兩個不可能的矛盾之中，由於這兩個功能都無法透過市民社會中的經濟領域來解決，因此就需要國家從事政治的介入，賦予國家更大的力量而使國家有了自主性，但此種自主性不但無法解決問題，反而會導致國家陷入更大的矛盾之中。

註釋

❶馬克思一生中至少有四種國家觀，包括：(1)把國家視
為生物體、有機體，也是實現個人自由、追求公共之
善（public goods）的理想共同體；(2)國家為異化的社
會力量；(3)國家為階級對立、階級統治和階級剝削的
工具；(4)國家為社會寄生蟲。詳見洪鎌德1997d：307-
345。

❷「普遍的國家」（universal state）乃是指一種追求全體
人民共同福祉，代表人民普遍利益的一個全民的國
家。

❸Giuseppe Fiori, *Antonio Gramsci, Life of a Revolutionary*
(London: New Left Books, 1970), p.238. 本段文字引自
Carnoy 1984:68。關於葛蘭西的國家觀請參閱洪鎌德、
黃德怡1994：1-40。

❹在馬克思的唯物史觀架構中，將下層建築的經濟基礎
和上層建築區分開來，認為上層建築是社會中人群生
產與勞動產品——經濟利益和階級關係——的反映，
本身無法獨立自存。此種說法容易導致人們把政治當
成是經濟活動的「次要現象」或「附帶現象」
（epiphenomenon），也滋生了「經濟決定論」的誤會。
詳見洪鎌德1997d：368-373。

❺此處所指的工具論途徑乃是米立班、董霍夫（G.
William Domhoff）等人所採取的立場，認為國家之所
以為資產階級的利益服務，乃是由於國家受到資產階

級的宰制。但必須澄清的是，米立班及董霍夫等人並不認為國家是由統治階級直接操控，單純地是統治階級的工具，米立班更認為國家具有某種程度的自主性。詳見Miliband 1995:92-94以及洪鎌德1995：187-188。

❻伍爾斐認為多元主義最大的錯誤，就是在於毫無疑問地接受自由的資本主義的既定架構，而不去質疑產生此一體系背後的真正原因 (Wolfe 1973a:64)。

❼所謂的「輸送帶」(transmission belt)，乃是指諸如「經濟發展委員會」（Committee for Economic Development）、「外交關係會議」(Council for Foreign Relations）之類的機構，它們通常接受財團基金的補助，且由商業團體及上層階級中徵拔人員，目的是要將資產階級的領導人員結合起來，討論關於其所有成員的一般問題，並且影響國家的決策（Borrow 1993:33）。

❽事實上米立班亦認為此種情況也會有例外的情形發生，例如希特勒（Rudolf Hilter）和墨索里尼（Benito Mussolini），詳見Miliband 1995:94-98。

❾這正是馬克思和恩格斯所認為的「例外情形」，恩格斯指出：「互相鬥爭的各個階級達到了這樣勢均力敵的地步，以致國家權力做為表面上的調停人而暫時得到了對兩個階級的某種獨立性」（恩格斯1989：194）。而這點亦正是結構論的出發點，詳見Carnoy 1984:54-55。

❿米立班似乎比較強調國家的自主性作為維持資本主義再生產時的工具性目的，他指出：「如果國家確實只

106-□□

台北市新生南路3段88號5F之6

揚智文化事業股份有限公司　收

地址：

市　　鄉鎮
縣　　市區
　路（街）　段　巷　弄　號　樓

（請用阿拉伯數字
書寫郵遞區號）

□揚智文化事業股份有限公司　□生智文化事業有限公司

謝謝您購買這本書。

為加強對讀者的服務，請您詳細填寫本卡各欄資料，投入郵筒寄回

給我們(免貼郵票)。

E-mail:tn605541@ms6.tisnet.net.tw

網　址:http://www.ycrc.com.tw

（歡迎上網查詢新書資訊，免費加入會員享受購書優惠折扣）

您購買的書名：_____

姓　　名：_____

性　　別：□男　　□女

生　　日：西元_____年___月___日

TEL：(___)_____　　FAX：(___)_____

E-mail：　請填寫以方便提供最新書訊

　　　　_____

專業領域：_____

職　　業：□製造業　□銷售業　　□金融業　□資訊業

　　　　　□學生　　□大眾傳播　□自由業　□服務業

　　　　　□軍警　　□公　　　　□教　　　□其他_____

您通常以何種方式購書?

　　　　　　□逛書店　□劃撥郵購　□電話訂購　□傳真訂購

　　　　　　□團體訂購　□網路訂購　□其他_____

✍對我們的建議：

是『統治階級』單純的『工具』，那麼它在發揮它的階級作用時就注定受到壓制了。在決定如何充分地為現有的社會體制服務時，它的當事人絕對需要適度的自由」(Miliband 1995:116)。

⑪關於歐斐的系統分析請參閱Claus Offe, *Contradictions of the Welfare State* (Cambridge: The MIT Press, 1984) 以及藍欣開，〈當代資本主義國家之危機趨勢── 新馬克思主義學者歐斐的國家理論〉，淡江大學歐洲研究所碩士論文，1998。

⑫歐斐認為工具論和結構論都只說明了影響國家政策的外在層面，都是單方面地假定國家的政策是外部決定的 (external determinants)，而忽略了國家本身對產出 (output) 政策所能影響的層面。詳見Carnoy 1984:131-133。

⑬選擇性機制的目的有三：第一，負面的選擇 (negative selection)，從國家的活動中排除對資本家利益的反對；第二，正面的選擇 (positive selection)，從剩下的可能性當中，選擇足以促進全體資本利益 (而非個別、狹隘的資本利益) 的政策；第三，矯裝的選擇 (disguising selection)，國家的機構表面上要偽裝中立無私，但實質上則排除反資本家利益的各種說法 (洪鎌德1995：193)。

⑭一般而言合法化 (legitimation) 這個概念有兩種不同的用法。第一種乃是作為一種道德上的概念來使用，也就是政治哲學中所談到的「合法權威」(legitimate authority) 與「事實權威」(de facto authority) 之間的對立。就馬克思而言，合法性乃是一個正義的社會所

必須的，此種同意（共識）並不是一種策略上的、被動的共識，而是一種代表了積極參與的同意。第二種乃是社會學上的「合法化」（legitimation）概念，而和哲學上的「合法性」（legitimacy）概念相反。章伯（Max Weber）認為社會學的合法化概念是價值中立的，只是指涉到一個社會秩序如何為其成員所接受。哈伯瑪斯對合法化這個詞的用法乃是有意識地想要恢復這個詞的哲學上的意義，而反駁章伯式的實證主義（Bay Area Kapitalistate Group 1978:119-120）。伍爾斐採納了哈伯瑪斯的看法，對他而言合法化乃是代表了民主的意識形態，追求的是人類理想共同體的終極目標，而累積所代表的自由主義意識形態雖表現為一種實用主義的樣態，強調手段而不重視目的，本身仍是一種意識形態。因此，國家的累積和合法性的功能矛盾，絕非單單是經濟上的矛盾，更是一種關於終極目標與手段之間的意識形態矛盾。

第四章
鬥爭的國家

伍爾斐認為資本主義國家由於受到階級鬥爭與資本主義本身發展的邏輯所產生的種種矛盾所左右，而會發展出各種不同的方法來試圖解決之。在他的心目中，國家的形式絕不是靜止不動的，而是由自由主義與民主、累積與合法化之間的矛盾鬥爭所發展出來的一個辯證的動態過程。他指出：

> 任何政府，特別是在自由民主社會中的政府，能夠同時既是資本主義國家的一部分，又是人民再次奪回其共同權力的一部分。政府並非是透過某些非歷史的激烈變形而神奇地改變，而是反映了這個時間中的鬥爭（Wolfe 1974b:154）。

伍爾斐將西方國家過去兩百年來的歷史發展歸結出六種不同的資本主義國家的「理念類型」（ideal types），在每一種國家的階段中，都是作為解決上一階段矛盾的解決方案而出現，但又會產生新的矛盾，進而導致下一階段的國家出現。

一、累積國家

（一）累積國家（accumulative state）的定義

伍爾斐認爲累積國家是第一個由產業家（industrialists）在其中扮演角色的國家，配合了資本主義第一波的工業化，以資本的累積做爲其本身的合法化機制。且由於其目的是要達成財富的累積，任何達成此目的所需的手段都被視爲正當的。因此累積國家並非意識形態地實行自由放任，反而是由政府積極地干預經濟與社會的秩序（Wolfe 1977a:247）。

累積國家的形成主要是土地貴族和重商主義商人的聯盟與興起的工業布爾喬亞之間的鬥爭與妥協的結果。因此，其最顯著的特徵就是：妥協的本質與缺乏一致的理論（Wolfe 1977a:14）。由於工業革命產生的工業布爾喬

亞形成一個新的階級，主張自由放任的觀念，
而和舊體制（ancien régime）❶中的土地貴族
及重商主義商人產生鬥爭。但隨著工業布爾喬
亞逐漸佔優勢之後，他們亦會發現他們和舊的
統治團體有相似的偏好，亦即需要一個鎮壓的
機構以及在經濟中扮演積極角色的國家
（Wolfe 1977a:18）。他們便會開始妥協其自由
放任的理想，而接受某些重商主義時期積極國
家的方法，如保護關稅、國家補助建造道路、
開鑿運河等。結果所產生的新的國家結構就是
累積國家，

> 是貴族與商人間政治妥協的轉型，以適應
> 工業布爾喬亞的興起，而這是透過加入以
> 資本累積為目的的新結構來完成的
> （Wolfe 1977a:19）。

（二）累積國家的功能

　　雖然工業布爾喬亞信仰自由放任，但若國
家對其資本累積是有助益的話，他們便會放棄

其自由放任的理論，而接受一個積極國家的功能。累積國家的主要目的是在於促進私人資本的累積，其主要功能如下：

1.界定經濟行動中的參數（parameter）

重新界定法人（corporation）一詞，維持其本有的形式，但改變其內容使其脫離公共的領域而進入私人的領域。亦即原本由法人特許狀（corporate charter）來保證的壟斷性，變成由經濟的實踐來保證之。而這樣的改變必須要由產業家自己進入公共領域中才能達成，因此「某人要在國家之中掌權以使國家無能」（Wolfe 1977a:22）。

2.維持秩序以擴大生產

雖然自由放任的理論認為國家最好只扮演一個守夜警察的角色，但伍爾斐卻認為不可能只給予國家一個小小的維持秩序的角色，而沒有給予它更積極的管轄權，因此直接的政治鎮壓乃是累積國家經濟角色的一個部分。除了以警力鎮壓工人外，國家從薪資交涉中抽手，以使自由市場成為勞動價錢唯一的決定因素，亦即透過對饑餓的操控來維持秩序，使工人甘於接受剝削。資本主義創造出來的唯一一個自由的市場乃是勞動市場，「這是一個積極國家的勝利，其行動是透過什麼都不做來表達的」（Wolfe 1977a:27）。要之，這種國家的介入，「爲資本家提供了社會主義，而爲工人提供了資本主義」（Wolfe 1977a:28）。

3.國家直接援助資本家

伍爾斐認爲雖然英國和歐陸國家對私人企業援助的方式不同，但其目的是相同的。例如在鐵路事務上，由國家買土地，造橋樑及運河，以及考察地理，而私人公司則提供勞動資本、火車及車站，在這樣的安排下，國家建造鐵路，而私人公司則創造利潤（Wolfe 1977a:29）。

4.國家調節總體經濟狀況，這是對商業的間接援助

國家介入銀行事務、發行貨幣，以及調整關稅等等，都是爲了要調節國家總體經濟情況，以利本國資本家的發展（Wolfe

1977a:31）。

5.國家亦從事戰爭活動，以利製造業，尤其是軍需品的製造業

　　戰爭需要修馬路、鐵路，以及其他的公共工程，這對私人資本家是有利的。此外，戰爭亦增加了國家在鎮壓事務上的角色。因此，透過戰爭，「累積國家在經濟及社會階層關係中皆扮演了一個要角」（Wolfe 1977a:37）。

6.支持眾多折衷的行動

　　由於累積國家的功能是矛盾的，亦有某些舊制度時期的統合特徵殘留，因此會從事某些福利的政策，如：勞工法、檢查體系等等，以掩蓋真實的利益鬥爭（Wolfe 1977a:38）。

（三）累積國家的困境

　　累積國家是一個妥協，是歷史情況轉變下的產物，其折衷的特徵造成了它的強大以及衰弱，因此它不是資本主義國家的永恆形式（Wolfe 1977a:39）。造成其衰弱的原因主要是：

　　第一，由於它是歷史變遷下的產物，而充
滿著妥協的特性，因此就造成了意識形態上的
不一致與困擾。每一個參與國家控制權鬥爭的
團體，都有他們自己關於人與社會之關係的概
念，但沒有一個團體可以完全壟斷國家權力，
因而產生了極大的困擾與矛盾，這是累積國家
所無法解決的（Wolfe 1977a:39）。

　　第二，舊王朝時期所強調的有機的連結
（organic solidarity）做爲合法化的機制，在自
由主義興起後已被粉碎了。隨著工人階級的興
起，累積國家並未發展出一個自己的合法化機
制，因此便無力面對來自下層人民與日俱增的
挑戰（Wolfe 1977a:40）。

　　第三，十九世紀中葉發生了第二次工業革
命，進而導致布爾喬亞政治勢力的抬頭，他們
遂發現不再需要和舊王朝的殘餘勢力分享權
力，因而累積國家這種特殊的折衷特性便不再
需要了。

　　隨著上流階級的衰弱以及工人階級開始主

張自己的權力，累積國家變成了一個空無
內涵的外形。布爾喬亞發現自己需要一個
政治的憧憬（vision）來迎合自己的工業
特質。新的國家，就像新的機器一樣，即
將來到（Wolfe 1977a:41）。

二、和諧國家

（一）和諧國家（harmonious state）的定義

　　由於累積國家的衰弱是因爲缺乏自己的合
法化機制，因而面對工人階級興起的民主要求
無法應付，和諧國家便由此產生，並且進而取
代之。資本主義不僅產生了資本家，更產生了
廣大的工人群衆。面對這個潛在的多數階級之
挑戰，便發展出一套強調利益和諧的意識形
態，主張資本家追求自我利益、財富的累積，
亦全體人民的利益與財富，因此在資本主義社

會中，所有階級都擁有一個共同的利益，以同
意布爾喬亞控制國家。

　　和諧國家的理論主要可分爲兩派，其中一
派是承襲自古典自由主義而來，強調自由放
任，認爲只有國家不控制、不干預，才會有自
然的和諧。另一派則強調和諧不是自然的產
物，而是人爲創造出來的，因此要求國家的積
極介入，以創造社會的和諧。伍爾斐認爲，雖
然此兩種理論看似不同，但其終極目標——透
過顯示出社會關係自然的或潛在的和諧，來證
成資本主義社會——卻是相同的。因此，國家
干預的程度只是一個次要的、技術上的及實踐
上的問題，而非理論上的問題（Wolfe
1977a:44-45）。

（二）自由放任及其困境

　　透過自由放任以做爲達成社會和諧的手
段，不管在理論上或實踐上都有其困境，包
括：

　　第一，自由放任的理論認爲「自然，而非

人類，決定了生存的競爭，如果放任自然，則
會弔詭的產生和諧」（Wolfe 1977a:52）。但伍
爾斐認為，自由放任絕非自然的，而是人為
的，是那些掌握權力、控制國家的人，為了確
保其優勢地位，才會提出自由放任的宣稱。正
如葛蘭西所說：自由放任是「由法律與鎮壓的
手段所引進並維持的結果，自由放任是一個政
治計畫，設計用來改變一個國家的全體人員，
並且是為了國家本身而改變經濟的計畫」
（Gramsci 1992:160）。

　　第二，自由放任無法解決普遍性的言辭
（universalistic rhetoric）與特殊性訴求
（particularistic appeal）之間的矛盾。在自由放
任理論中只有普勞階級❷才是階級，布爾喬亞
不是階級，而是社會的全體：任何屬於統治集
團利益的東西，亦都是全體社會的利益，這是
普遍的；而那些對其他人有利的法案——如工
人、農民——都是階級的法案而要譴責，因為
是特殊的（Wolfe 1977a:53）。伍爾斐認為，這
種雙重標準使得自由放任陷入了意識形態的死

路，因為這種偏袒布爾喬亞的作法已使其整體
社會利益和諧的聲稱失效。

第三，自由放任陷入了一個烏托邦的渴望
與反烏托邦的現實之間的矛盾。它既鼓吹自然
的和諧，但又放任現實的競爭，這兩者之間的
鴻溝極難彌補，因而也造成了此一理論難以為
人接受（Wolfe 1977a:55）。

第四，某些自由放任理論透過宗教或道德
性的寓言來達成其世俗的目的❸。但伍爾斐認
為這種偽宗教的聲稱會造成其合法性最終的空
虛。因為神是無法完成世俗的目的（Wolfe
1977a:55-56）。

第五，自由放任會發展成一個純粹物質化
的社會理論，但隨著普勞階級的興起，追求做
為一個公民的權利，而自由放任只能提供物質
性的部分滿足，但對於普勞階級這種非物質性
的要求便無法回應（Wolfe 1977a:56-57）。

第六，自由放任敵視民主，不願接受民
主，因而由普勞階級所發展出來的民主力量會
成為終結自由放任的一股強大動力（Wolfe

1977a:57-58）。

　　第七，自由放任從攻擊性的策略轉變爲防衛性的策略，不再是改革的代言人，反而成爲現存秩序的捍衛者（Wolfe 1977a:58-59）。

（三）國家介入及其困境

　　由於自由放任無法導致社會的和諧，因此某些透過國家之手從事改革，以減緩階級緊張以及自由放任所帶來的腐敗，便被提出。伍爾斐認爲改革主要有三種：

1.合理化的改革（rationalizing reforms）

　　企圖改善國家的結構使其能夠運作。然而此種改革並未改變社會中階級間的相對權力，亦未改變國家行動所幫助的階級，而只是爲了統治階級服務所做的改革（Wolfe 1977a:73-74）。

2.壓制性的改革（repressive reforms）

　　對抗勞工階級的抗議，用以確保階級從屬關係的改革。例如：國家建立起義務教育的體系，並且改革課程以符合工業社會之所需。但

這樣做的目的除了爲資本家提供高素質的工人
外，亦有意識形態灌輸的作用，以達壓制的目
的（Wolfe 1977a:74-75）。

3. 回應性的改革（responsive reforms）

工人階級透過鬥爭而爭取到國家的回應，
改善其苦境。例如：工時上限及工資下限法案
的通過。這是對和諧國家最猛烈的打擊，因爲
這些法案的通過代表了工人階級民主鬥爭的勝
利，更象徵了資本主義社會和諧的虛僞性
（Wolfe 1977a:77）。

利益的和諧是以此一陳述爲基礎的：所有
階級都有相同的利益；但若採納一個開放的階
級觀點，則此一觀念體系便壽終正寢（Wolfe
1977a:79）。

也就是說，布爾喬亞一旦接受了回應性的
改革，對工人階級讓步，也就是代表他們承認
了資本主義社會並沒有一個所謂的共同利益，
而國家也就無法再只爲這個共同利益而服務
了。

三、擴張國家

（一）擴張國家（expansionist state）的定義

　　由於簡單的累積及虛僞的和諧都無法爲這個新的資本主義秩序證成，且自由主義與民主的意識形態矛盾在1890年代左右到達了頂點，因而統治階級試圖透過對外的擴張來解決國內的緊張，這就是擴張國家（Wolfe 1977a:81）。造成擴張國家具體化的因素主要有二：第一，從1870年代開始經濟蕭條，導致了資本主義累積的危機，而只能透過對外的擴張才能解決。第二，則是歐洲興起的工人運動，導致了資本主義的合法化危機，而這也需要透過對外擴張來解決。

（二）擴張的手段

　　由於擴張國家的任務是要解決資本主義累積及合法化的危機，因此其採用的手段亦可分二大類：

1.在解決累積的危機方面

　　在解決累積的危機方面，主要採行的方法是自由貿易、保護主義以及殖民。例如：英國是當時世界第一強權，因此極力主張自由貿易與不干涉政策，如此才能維持其霸權，這是一種「自由貿易的帝國主義」（free trade imperialism）的形成，用來保護英國的利益，而非開放世界的體系（Wolfe 1977a:86）。而如普魯士等新興工業國，則必須透過保護主義、關稅政策來保護國內幼小工業，以促進海外的競爭力。此外，美國的門戶開放政策是一種介於孤立主義與帝國主義之間的安協方法，是一種「帝國的反殖民主義」（imperial anticolonialism），是一種非正式的擴張主義而無須殖民地擾人的負擔。而德國則在俾斯麥

（Bismarck）之時建立起一個殖民的強權
（Wolfe 1977a:90）。雖然這些方法看似矛盾，
但擴張國家卻是一種折衷的形式而探行混合的
做法，並且雖然其方法有所不同，但目的卻是
一致的，亦即透過海外的擴張來促進國內資本
的累積。

2.在解決合法化危機方面

在解決合法化危機方面，首先要提出的是
透過對外的征服來取代人民對民主的期望，因
此伍爾斐說：

> 人民無法贏得政治領域，國家便提供他們
> 驚人的新聞故事、艱困的征服故事，以及
> 海外的小島來做為替代品（Wolfe
> 1977a:89-90）。

其次，移民亦是擴張國家的一個重要形
式，透過移民把那些由於農業技術的進步，而
被迫離開土地的農民送往國外，以避免他們進
入都市成為普勞。亦即移民是一個把國內潛在
不滿的人民移到國外，以減少由普勞大眾眾多

的數量所帶來的民主壓力。此外，配合著保護
主義政策，透過社會立法以確保工人階級對擴
張國家的效忠亦是一個解決合法化危機的重要
方法。更有甚者，擴張主義國家亦透過教育改
革及大眾文化來控制工人階級，而不給予他們
民主的權力。

（三）擴張國家的困境

1.理論上的困境

　　擴張主義在理論上的困境，最主要是它否
定了布爾喬亞原先的自由主義意識形態。第
一，雖然擴張國家宣稱保護主義是一個例外、
是暫時的方法，但在擴張國家時期關稅的屏障
卻成為永恆的政策，這是對自由主義的一個否
定（Wolfe 1977a:100-101）。第二，雖然國家
行動在自由主義來看是惡的，但擴張國家卻需
要許多的國家行動，例如：關稅、殖民、移
民、社會立法等，都是此時國家積極的行動表
現（Wolfe 1977a:101）。第三，擴張主義導致
了國家非理性的囂張，而這是和自由主義主張

自利、理性的人相反的（Wolfe 1977a:102）。
第四，擴張主義亦導致種族主義，這是一種國
內的帝國主義，以文化優越感進行對內的「殖
民」。因而包含在「布爾喬亞」一詞中的司法
平等已被一個相反的觀念所取代：世界上大多
數人民都是劣等民族（Wolfe 1977a:103）。第
五，擴張主義使得統治菁英從自由主義的樂觀
展望變成悲觀論調，因為他們拒絕了傳統的自
由主義，但又不歡迎民主，因而不知何去何從
（Wolfe 1977a:103-104）。

2.實踐上的困境

　　擴張國家在實踐上的第一個困境就是世界
是有限的，所有可用的土地、資源都會受利
用，各國為了爭奪世界上有限的資源，彼此之
間利益的衝突在所難免，彼此之間的對抗愈發
激烈，而在第一次世界大戰時全面爆發，導致
世界經濟、社會的嚴重受損。其次，藉由擴張
來緩和國內的階級衝突並未真的解決問題，因
為國家承擔了更多的角色，而使工人階級更有
理由主張分享國家的好處。雖然擴張國家的社

會改革傾向父權式的,但這並不足以解除工人
階級所形成的民主壓力。「工人階級已經有了
一些,他們會要求更多,二十世紀時我們會看
到的是工人階級增加參與國家的要求,而非減
少」(Wolfe 1977a:102)。

四、特許國家

(一) 特許國家 (franchise state) 的定義

　　由於第一次世界大戰顯示出擴張國家的徹
底失敗,不僅是社會階級間的鬥爭會導致國家
的癱瘓,統治階級內部更劇烈的衝突亦會導致
國家的無能。因此戰後西方的政治就是一系列
試圖用來控制這兩個領域(社會階級間,及統
治階級內部)衝突的實驗,其中一個最普遍的
實驗就是組合主義(corporatism),亦即透過
各個經濟部門間自動地組織起來,以他們之間

和諧地交互行動來確保社會安定並增進工業的
生產力，而無須國家的干涉，或者是國家干涉
儘可能減少到最小（Wolfe 1977a:119）。然而
這種組合主義的方法會走入兩個極端：太過威
權而成爲國家組合主義（state corporatism），
或者是太過自由放任而成爲無政府狀態。因
此，要使商人間彼此合作又能對下層人民的壓
力有所回應，且不會導致法西斯或無政府狀態
的一個新方法便產生了，這就是特許國家。

特許國家鼓勵商人間彼此合作的方法，不
是透過國家強迫他們合作，亦非以一個完全沒
有衝擊的方式來建議他們合作，而是透過國家
與商人間的結合，把國家本身的權力指派到私
人機構中，以國家之名目來運作此一權力。透
過巧妙地處理公共權威與私人權威之間的界
線，而以非正式的、私下的磋商來化解衝突，
當發覺社會上的不滿太嚴重時，就將這些不滿
的人民或團體引進特許國家之中，給與他們一
點國家的權力以爲其所用，而這些團體的領導
人被要求要控制其團體內部成員的不滿，以換

取他們在特許國家中的席位（Wolfe
1977a:128）。

　　伍爾斐認為，雖然特許國家和組合主義在
私部門的自我組織方面非常類似，但他們的意
識形態基礎是不同的。組合主義在理論上反對
國家主義，但實踐上卻愈來愈接近國家主義；
而特許國家在理論上讚揚國家，以使他們和傳
統自由主義有所不同，但在實踐上卻透過賦予
私人部門公共權力，以減少政府的影響力
（Wolfe 1977a:128-129）。

（二）特許國家的運作

　　特許國家最重要的功能就是分派國家權
力，透過各個商業的貿易協會來管理其會員，
進行價格控制、生產配額等等事務，以避免自
由競爭造成資本家間的自相殘殺，亦即資本家
透過私人的組織彼此進行磋商與協調，而解決
了統治階級內部的衝突。此外由於工、農階級
的不滿與日邊增，解決他們不滿的方法就是讓
工人、農民團體參與特許國家，賦予他們一點

國家的權力，因此，把國家權力分派給壟斷的
私人組織的這個原則，擴大到了其他各個生活
領域之上了。

　　在分派權力的過程中必須要有一個雙重的
偏差，此體系才得以運行。第一，國家的權力
只分派給特定種類的團體，因為這些團體能夠
召集資源以受其控制，並且操縱這些資源以得
到國家的權力。這些團體主要包括：控制經濟
權力的團體、握有大量選票的團體、意識形態
或道德性純正的團體，以及操縱稀有資源的團
體（Wolfe 1977a:149-150）。第二，權力雖然
分配給某個團體，但此權力不是分配給整個團
體，而是給與了此團體中有權之人。各個團體
中的領導人彼此會形成一個菁英的集團彼此勾
結，這些私人菁英的集團會和公共菁英密切合
作，例如：歐陸的官僚會辭官以進入私人企
業，而美國則是把私人團體中的菁英招募至政
府部門中（Wolfe 1977a:150-151）。

　　由於特許國家是一種交易，每個團體得到
他們所想要的，但亦放棄某些他們所擁有的以

做為交換，此種交易各地雖有不同，但一般而言可以表達為以神秘化來換取自我控制（Wolfe 1977a:154）。伍爾斐認為每個團體加入特許國家中是希望能夠尋求自主性，但特許國家卻需要各個團體間的相互依賴，因此就必須要有某些方法來控制各個團體間的相互行動，包括：(1)三方協商（tripartism），由企業界、工人團體以及公部門三者共同協商解決階級衝突的困境；(2)管理主義（managerialism），公僕本身形成一個階級而能管理衝突、疏導衝突，使其不致破壞社會和諧。行政階級的興起伴隨著一種管理主義的意識形態，強調行政的中立、專業化，並且是對所有人民負責，而尋求所有階級的利益和諧；(3)專家委員會（councils of experts），統治階級及行政官員認為現在社會衝突的根源不在於政治問題，而是一種技術上的問題，因此需要某些專家、技術官僚來確保國家的目標（Wolfe 1977a:165-168）。

（三）特許國家的困境

由於二十世紀資本主義的政治無法忽視來自下層人民的民主壓力，因此特許國家是一個用來舒緩民主壓力，但又不違背資本主義與自由原則的方法，它是第一個在法律上承認自由主義與民主矛盾的國家形式（Wolfe 1977a:145）。然而從此矛盾不僅存在於社會領域之中，更存在於國家之中，特許國家不但沒有解決問題，反而製造出更多的問題。

首先，雖然特許國家企圖透過權力分派的方法來消弭工人階級的不滿，但由於權力分派的雙重偏差，使得權力大多握在優勢團體之手，而這使得弱勢人民依舊無法得到應有的權力，且權力就算分派出去，亦是掌握在各團體的菁英手中，而團體中的成員仍舊得不到權力。特許國家是一種既民主又菁英的形式，在言辭上，它象徵了民主的勝利，是一種對於被剝削團體要求更多參與權的一個回應；但在實際的運作上，它卻是一種高級文官與各團體領

導結合而成的一個寡頭菁英統治的國家。「在
某些地方，國家是統治階級的行政委員會；在
其他地方，如美國，統治階級則是國家的行政
委員會」（Wolfe 1977a:153）。國家與統治階級
都愈來愈背離了人民，使人民對國家及統治階
級都不再忠誠，因此特許國家所欲解決的民主
壓力依舊存在，合法化問題依舊是特許國家的
一個痛處。

　　其次，特許國家中的團體企圖在相互依賴
的領域中尋求自主性，因而會導致一系列的神
秘化與困擾。包括：

　　第一，在特許國家中，公共領域和私人領
域之間的界線取消了，這些特許的團體在他們
得到利益時會宣稱自己是私人組織而從事商業
活動，但當他們的活動失敗時便會宣稱自己有
公部門的特徵。公共與私人之界線的取消，不
僅使公共利益失去意義，亦會侵害到私人自由
的領域，因而會損害到特許國家的意識形態
（Wolfe 1977a:161）。

　　第二，特許國家替資本家免除了競爭性資

本主義的五個程序：承擔風險、資本累積、創
造利潤、價格競爭，以及再生產工人的物質條
件，而以國家的管理與計畫來取而代之，如此
便混淆了競爭性資本主義與非資本主義之間的
區別（Wolfe 1977a:162）。

第三，公共利益與私人利益之間亦產生了
混淆，透過國家的行動而保證了私人企業的利
潤，但這些代價都是由納稅人所支付的
（Wolfe 1977a:163）。國家表面上雖然讓出了對
公共的控制，但實際上卻沒有，因此它需要某
些神秘化的方法，來隱藏其實際上的控制。操
縱象徵符號，在政治過程中加入了許多不眞實
的東西，而欺騙就成爲日常政治生活中的一部
分，因而更加深了民眾對國家的不信任，導致
了合法化的問題。

最後，當團體間的衝突無法透過志願性的
方法來解決時，就爲回歸國家的控制以作爲最
後的手段（Wolfe 1977a:169）。當國家的行動
會干擾到既得利益集團時，它就只是一個名義
上的國家而不會採取任何的行動，但當他行使

權力以控制團體間的衝突時，他就成爲實際上的國家，而行使鎮壓的權力以對付那些弱勢團體所尋求的自主性。如此，國家收回了他所分派出去的權力，國家角色便再度擴大❹，特許國家亦宣告終結。特許國家是最後一個企圖把經濟權力維持在私人手中的嘗試，但此權力卻慢慢地進入了政府的結構之中，變成了一個雖是爲資本服務，但卻不是資本家所擁有或獨佔的東西（Wolfe 1977a:175）。

五、二元國家

（一）二元國家（dual state）的定義

由於沒有一個國家可以同時既爲多數人服務，又爲少數人服務，因此產生了二元國家，取代了由一個國家來執行兩種任務，而是由兩個國家分別執行不同的功能，一個從事維持秩

序的任務，另一個則維持民主的外觀。造成二
元國家的形成主要有三個原因：

第一，多數工人的興起造成了民主化的要
求，而此一問題從未眞正地解決，民眾的不滿
加劇，因而必須要創造出一個雙頭形式的政
府，一邊是屬於菁英的、效率的政府，用以執
行累積的功能；另一邊則是屬於群眾的、民主
的政府，用以執行合法化的功能。

第二，資本主義逐漸的壟斷化增強了功能
的理性，因爲消除競爭的目的就是要使經濟行
爲規律化而可以預測，但同時以壟斷資本主義
取代競爭則會促進非理性主義的狂熱。因此二
元國家在經濟領域中採用理性的法則，在政治
的領域中就要採用非理性的、訴諸群眾的法
則。

第三，帝國主義爲了維持在殖民地的利
益，就必須要採行二元國家的形式，而將國內
事務與殖民地事務區分。在國內的政治中，存
在著一個人民的、民主的與合憲的國家，擁有
某些確定的處置標準──如：適當的法律程

序、民主的代議制、訴諸歷史與傳統等等。而
在殖民地中，是由一個用來儘可能快速地達成
其目標的國家來控制其事務，適當性、道德
性、合憲性、合法性等都不在其考量的範圍之
內。此一國家通常處於立法程序之外，而其預
算、人員、計畫、程序等都儘可能地神秘化
（Wolfe 1977a:177-180）。

由此可知國家分成兩個面向，一個是公開
的國家，關注於民主與合法化，以贏得人民對
政治秩序的擁戴；另一個則是暗中的國家，負
責幫助資本的累積並保護從事累積的機關
（Wolfe 1975c:363）。

（二）二元國家的運作

暗中的、非民主的國家若要能夠運作，則
其第一個任務就是要破壞人民對民主的信仰，
而在二次戰後最好的方法就是提出反共的意識
形態，以及國家安全的訴求。在反共的旗幟下
國家所有的秘密行動都是正當的，人民的一切
行為都要以國家安全為最高考量，因此暗中的

國家便可毫無顧忌地為所欲為，而不必受到人民的監督。因此，「當反共成為一種宗教而非見解時，廢除民主價值的藉口便產生了」（Wolfe 1977a:182）。

其次更要改變政府的結構以因應暗中國家的產生，權力逐漸集中到行政部門中，並且建立中情局（CIA）、國安會（National Security Council）之類的情治機關以執行暗中國家的任務，而立法、司法機關無法掌控這些暗中國家，人民更無法監督其行為。這些機關不論在國內或國外都有極大的權力，中情局對外從事一些暗殺、顛覆以及秘密間諜的活動，以確保「自由世界」安全的藉口，而使美國帝國主義所支配的不自由秩序永遠持續下去（Wolfe 1977a:196）。中情局的勢力亦侵入了對內事務，再加上聯邦調查局（FBI）以及地方警察行使鎮壓權力，打壓新左派及黑人民權運動，形成一個警察國家（Wolfe 1977a:206）。

此外，為了使人民對於國家安全、愛國主義的訴求不致反感，而接受這種冷戰所必須的軍事建制，因而日常生活的軍事化是必要的。
鼓勵人民積極參與軍事事務，透過教育機構做
為人民與軍方溝通的管道等等作法，給予人民
某些他們可以支持的東西，而解決合法化的議
題（Wolfe 1977a:194-195）。

（三）二元國家的困境

二元國家必定會面臨三個主要的限制：

1.期待與現實的矛盾

如果一個國家一方面要維持掌權者的特
權，另一方面又要贏得人民對這些特權的同
意，則這兩邊之間的平衡就需要精確地維持
好。亦即一個以軍事力量為後盾而運作良好的
暗中國家，其代價就是會違背某些主要的民主
原則；而另一方面，若其堅守人民對民主的期
待，則要保護「國家利益」——掌權者的利益
——就變得不可能（Wolfe 1977a:187）。伍爾
斐認為，雖然二元國家在冷戰時期運作良好，
但人民追求民主的期望是永遠存在的，人民永
遠比統治者更尊敬民主的原則，因此在水門事

件爆發後，暗中國家隱蔽的表面愈來愈小，人
民也就愈來愈不相信暗中的國家了。

2.統一的利益與既得的利益的矛盾

　　二元國家為了因應冷戰之所需，必須建立
統一的軍事建制，但這必會造成軍事機關、私
人製造業等既得利益者的反彈。亦即為了要有
效率、避免競爭所造成的浪費，就必須要統一
軍事建制，但消除競爭的後果亦消除了由競爭
所產生的巨大利益。此外，在國家安全的考量
下亦會要求個別商人犧牲自己的私利，一般人
民的利益更會被要求犧牲，以換取整體國家的
共同利益。然而二元國家並無法解決此一矛
盾，商人依舊我行我素，人民則愈來愈看清所
謂的共同利益，只不過是暗中國家官僚自己的
利益（Wolfe 1975c:366-368）。

3.控制與自決的矛盾

　　二元國家的一個主要任務就是控制 —— 先
控制外國，再控制本國（Wolfe 1977a:195）。
美國冷戰時期在第三世界所從事的活動，表面
上是要防止共產主義的擴張，但其真正的目的

是要控制這些國家。而這些由中情局所指揮的
間諜、顛覆活動受到這些國家的反彈。此外，
暗中國家對海外人民的控制，亦會施行在國內
人民的身上，而造成人民的反感。由於人民反
對鎮壓政策，要求暗中國家公開化的聲浪也愈
來愈高，因而暗中國家的運作也就愈發困難。

六、跨國國家

（一）跨國國家（transnational state）的定義

　　資本主義政治矛盾的激烈化逐漸使民族國
家無法負荷，並且伴隨著二十世紀後半葉國際
化與全球化的趨勢，民族國家會逐漸變成一個
正在消失的歷史實體，取而代之的是一個超越
國家的政治單位或者是由多國家所組成的世界
國家，這就是伍爾斐所謂的跨國國家。跨國國
家主要可分為兩個層次：(1)跨國政治單位，

如聯合國、歐洲共同體等，主要的目的是要解決原本在民族國家內累積和合法性的矛盾，在全球國際化後所演變成的霸權與民主的衝突；(2)跨國經濟單位，資本的累積在民族國家內遭遇了種種困境，配合著資訊與科技的進步，而產生了許多跨國公司，把整個世界而非單一的國家當成市場，因而可以無限地累積資本。

（二）跨國政治單位及其困境

伍爾斐認為跨國政治單位所面臨的問題和民族國家所面臨的是十分類似的，正如國家被期待用來解決自由主義和民主的矛盾，跨國政治單位則是欲解決霸權和民主的衝突（Wolfe 1977a:215）。聯合國是一個好例子。伍爾斐認為聯合國的運作有著類似「特許國家」的色彩，用來管理主流民族國家間的衝突，並且允許那些若不加入就會破壞世界秩序的國家加入（Wolfe 1977a:218）。容許每個民族國家保有自己的主權，追求他們自己的利益，但同時又能建立一個結構，以非強迫的，但仍有意義的方式來解決這些利益間的衝突（Wolfe 1977a:219-220）。

　　和特許國家不同的是，特許國家的失敗是由於當那些擁有國家分派權力的團體無法發揮作用時，國家便收回它所分派出去的權力，重新扮演一個積極國家的角色。然而在聯合國之中，是由於各國堅守其自身的權力，對於這個跨國結構所做的決策都加以回絕（Wolfe 1977a:218）。亦即聯合國並無法擺平霸權間勢力的衝突，它礙手礙腳、無法發揮預期的功能。此外，這個由美蘇等霸權國家所控制的跨國政治單位，其最大的挑戰是來自於第三世界國家逐漸形成多數，在聯合國會員大會這個一國一票的機構中掌握了重要的力量，例如1975年允許巴解組織派代表參與的決定就是一個好例子。而美國這個霸權之首，選擇了霸權而拒絕國際民主，它就放棄了合法性，無法再表現為人類理想的救助者，就只能靠武力來維持自己的地位，不論是槍的力量，還是電視傳播的強力灌輸（Wolfe 1977a:224）。

（三）跨國經濟單位及其困境

　　戰後大量興起的跨國公司，透過將世界變成一個龐大的自由經濟市場，企圖解決其資本累積的困境，並且透過資金的外移，而可避免國內逐漸激烈化的勞工運動對資本獲利的妨礙。然而伍爾斐認為，此種作法並未解決自由主義和民主固有的矛盾，反而將此矛盾擴大到全球的領域。跨國資本將自由主義的意識形態傳入非洲、亞洲及拉丁美洲，其真正的目的是要對這些依賴國家進行剝削，透過自由化以促進資本的累積。一旦其真正的目的被揭穿，合法化的問題便應運而生，除非它們能夠適時地採取行動，回應新興國家對於掌握自己經濟發展所提要求的回應，否則革命將繼而爆發（Wolfe 1977a:232）。

　　跨國公司依舊無法解決自由主義與民主的矛盾，其採用的解決方法和民族國家中所使用的方式十分類似。首先，在跨國企業的時期，國家對私人資本累積的援助行動不但沒有減少反而增加。例如政府透過進出口政策及對外援助而鼓勵對外投資，若無政府的積極干預，則多國籍企業就不會形成。這象徵了累積國家的復活。其次，強調利益和諧的觀點亦復活了，認為在跨國貿易之下，可以為全世界創造出和諧的利益。第三，跨國企業的興起亦代表了一種新的擴張國家的形式，只是此時用以擴張的工具不是陽剛的軍事力量，而是陰柔的經濟侵略。第四，國家對跨國企業的援助還包括在世界各地收集情報、從事間諜活動，並且以地下活動確保某一國家仍是有利私人投資的地點，或者是顛覆那些不利私人投資的國家。這亦是二元國家的一種形式（Wolfe 1977a:232-240）。

伍爾斐認為，跨國國家在這六種資本主義國家中是最不民主的一種，因為它受到人民的參與及控制是最少的。跨國公司直接和政府的行政部門接觸，而非立法部門，因而政府對跨國公司的援助便成為行政方面而非政治方面的議題，人民對其影響的力量逐漸下降（Wolfe

1977a:244)。此外跨國公司由於規模龐大以至於更無法受到控制，它在本國與國外都可爲所欲爲，因此不僅使國內自由與民主之間的矛盾更加尖銳，更將此矛盾擴大到國外。

總之，跨國國家用以解決自由主義和民主矛盾的方法，都是在民族國家中證明已經失敗的方法。自由主義與民主的矛盾不僅沒有消失，反而更擴大到全球的資本主義體系之中，而使矛盾的情況加速惡化。

七、小結

從伍爾斐對這六種國家的研究中，吾人可以看出他將歐斐等人關於累積與合法化矛盾的架構，透過辯證法而做了一個歷史的、經驗的補充。並且把焦點放在資本主義國家形成與再形成自由民主霸權的能力之上，指出了調和自由主義與民主之間對立的辯證過程，乃是由階

級鬥爭與資本主義的矛盾而來，而這個過程逐
漸地被納入國家本身的結構之中。因此，某些
學者將伍爾斐的國家理論稱為一種「歷史結構
論」（historical structuralism）（Bay Area
Kapitalistate Group 1978:117）❺。

　　在這六種國家中，累積與合法化是不斷辯
證發展的，每一階段中的政治結構都只是階級
鬥爭的進行過程與合法化需求之間的暫時產
物，每一階段的解決方法雖然暫時解決了當時
的矛盾，但卻都蘊涵了下一階段的潛在矛盾，
而在下一階段爆發出來。並且在每一新的階段
中，並不是和上一階段完全斷裂，完全否定上
一階段，過去階段中的某些成分亦會保留下
來，而提升到另一個更高的層次。正如馬克思
在《路易‧波拿巴的霧月十八日》中曾指出
的：

　　　　人們自己創造自己的歷史，但是他們並不
　　　　是隨心所欲地創造，並不是在他們自己所
　　　　選定的條件下創造，而是在直接碰到的、

既定的、從過去繼承下來的條件下創造
（馬克思與恩格斯1972：603）。

註釋

❶這是指十六、十七世紀時的「威權君主政體」
（authoritarian monarchies），伍爾斐接受朴蘭查的看
法，認爲威權國家是國家相對自主的一個例子，代表
了土地貴族和重商主義商人之間的鬥爭與妥協，此種
政體雖非標準的資本主義國家，但由於其追求原始累
積的商業需要，而有了一個資本主義的特徵。詳見
Wolfe 1977a:15-16。

❷將the proletariat譯做普勞階級，而非普羅階級，是取無
產階級之普遍勞動之意，並且修正過去譯做普羅階級
易與普羅專業（professional）產生意義上的混淆。請
參照洪鎌德1996：14。

❸也就是說，上帝是完美和諧的烏托邦的保證，上帝的
旨意是要資本家賺錢，也要每個人都接受事物的現存
狀態。

❹伍爾斐認爲特許國家的國家角色的擴大可從幾個方面
看出：第一，國家對資本的控制，私人承包商雖然製
造產品，但用的卻是國家的機器設備；第二，國家企
圖合理化此一程序——從1950年代的systems
management contracting到1960年代的planning-
programming-budgeting systems——而導致了新的控
制；第三，研究與發展的經費由國家來承擔；第四，
國家建立起承包商所需遵守的標準；第五，國家表面
上是一個民主的國家，要對全體社會負責，因此承包

商就必須容忍反差別待遇法案，以及其他國家認為必
須的政治需求（Wolfe 1977a:173）。

❺本篇文章的作者包括：Anatole Anton, Jens Christiansen,
David Gold, Les Guliasi, Jim Hawley, Clarence Lo, Ann
Markusen, Pat Morgan, Brian Murphy, Chuck Noble, Jim
O'Connor, Pat O'Donnell, Kay Trimberger 等人。

第五章
鎮壓的國家

　　本章旨在探討資本主義國家的一個主要的再生產機制——鎮壓。共分成六個部分，第一個部分探討鎮壓爲什麼在資本主義社會中是必要的；第二個部分探討國家的意識形態鎮壓功能；第三個部分是關於暴力鎮壓的問題；第四部分是討論美國輸出鎮壓到世界各地的問題；第五部分是探討是否會有一個無鎮壓的社會；最後則是做一個小結。

一、鎮壓之必要性

（一）階級偏差與階級關係的再生產

　　在正統的馬克思主義國家理論中，國家被視爲是資產階級社會中資產階級的鎮壓武器。國家的起源乃是做爲一個鎮壓的力量，用來抑制階級的對立，這不僅體現了國家的階級本質，亦體現了其鎮壓的功能，也就是在資本主

義社會中替宰制階級（布爾喬亞）服務
（Carnoy 1984:50）。恩格斯指出：

> 由於國家是從控制階級對立的需要中產
> 生，同時又是在這些階級的衝突中產生，
> 所以，它照例是最強大的、在經濟上佔統
> 治地位的階級的國家，這個階級藉助於國
> 家而在政治上也成為佔統治地位的階級，
> 因而獲得了鎮壓和剝削被壓迫階級的新手
> 段（恩格斯1989：194）。

　　列寧則將國家的鎮壓特徵擴充到極致，認
為鎮壓是布爾喬亞國家的主要功能：使權力合
法化，鎮壓合法化，以迫使階級結構與階級關
係的再生產（Carnoy 1984:50）。列寧所強調的
鎮壓乃是暴力的鎮壓，認為國家是資產階級的
武裝力量，受資產階級的直接控制，其主要的
功能就是行使高壓統治，因此無產階級的革命
就是要以更強的武力，來粉碎資產階級的國家
機器（Carnoy 1984:57-58）。

　　另方面，葛蘭西及阿圖舍（Louis

Althusser, 1918-1990）則是強調國家的意識形態鎮壓功能。葛蘭西提出文化霸權說，認為鎮壓的主要形式是意識形態的鎮壓，而非肉體上的暴力鎮壓。統治階級不僅透過暴力來維持其優勢的統治，更發展出一套世界觀、文化價值觀，來合理化他們的統治。葛蘭西並沒有否認國家是以一定的暴力壓制（coercion）為基礎來維持其統治，但他強調國家另一個統治基礎乃是同意（consent），對他而言霸權並不是同意與壓制這兩個極端的對立，而是同意與壓制的綜合（synthesis）（Carnoy 1984:73；洪鎌德、黃德怡1994：22-25）。

　　阿圖舍不僅認為要將「國家權力」（state power）與「國家機器」（state apparatus）做出區分，他更依循著葛蘭西的霸權概念而將國家機器區分為「鎮壓的國家機器」（repressive state apparatus）與「意識形態的國家機器」（ideological state apparatus）❶（Althusser 1971:142-143）。阿圖舍亦從葛蘭西的霸權概念中發展出再生產的觀念，認為每個社會形構

(social formation)，爲了能夠存在，就必須在
生產的同時，再生產它的生產條件，它必須再
生產：(1)生產力；(2)現存的生產關係
(Althusser 1971:128)。而生產力與生產關係的
再生產都是透過上述兩種國家機器的運作來保
證的，鎮壓的國家機器乃是透過武力（肉體的
或其他的），來確保生產關係再生產的政治條
件，而在鎮壓機器背後，則是由意識形態國家
機器來確保生產關係 (Althusser 1971:149-
150)。

　　伍爾斐對鎮壓的看法乃是受到上述的思想
家影響，他雖然不同意馬克思、恩格斯、列寧
等人將國家僅僅視爲是布爾喬亞的鎮壓工具，
但他仍認爲鎮壓是資產階級的一個重要手段，
並且在國家的鎮壓行動中有一個階級的偏差存
在。他指出：

　　馬克思主義所提供的一個重要洞察乃是在
　　民主國家的運作中是存在著偏差的。當國
　　家面對著無權的團體時，它傾向於鎮壓它

們，而當面對著有權者時，它則傾向於支持它們（Wolfe 1973a:25）。

伍爾斐認爲國家的鎮壓絕對不是一個中立的現象，而是有一個階級的基礎存在的，在大部分的情況下鎮壓都是針對弱勢或異議的團體與人民。但這並不是說國家所有的行動都完全是鎮壓無權者，支持有權者的，在下層人民的壓力太大，或者是統治階級內部發生衝突的情況下，國家的介入就不一定都是對統治階級有利的行動。然而在大多數情況下，資本主義國家的運作仍舊是存在著一個規則化的偏差，傾向於支持有權者的利益，而打擊那些挑戰他們的人（Wolfe 1973a:44）。

其次，伍爾斐雖然認爲阿圖舍關於鎮壓的問題太過強調意識形態的角色，而忽略了暴力鎮壓在當代資本主義社會中仍然是眞實存在的（Wolfe 1973a:20）。但他仍然接受了葛蘭西及阿圖舍對暴力及意識形態鎮壓的區分，並且亦認爲兩種鎮壓是一起發生、互相奧援的❷。更

重要的是，在關於爲什麼資本主義社會必須要
有鎮壓的這個問題上，伍爾斐接受了葛蘭西及
阿圖舍關於生產關係再生產的論點。

　　伍爾斐認爲鎮壓之所以存在，乃是因爲
「鎮壓是許多再生產機制中的一種，資本主義
需要這些再生產機制，以維持資本主義本身這
個體系的存續」（Wolfe 1971b:19）。他將鎮壓
定義爲：第一，鎮壓是由那些掌握政治權力的
人，也就是那些控制著鎮壓工具的人，所表現
出來的行爲；第二，鎮壓是用來對抗那些挑戰
現存權力擁有者的人之行爲。總而言之，鎮壓
是一個過程，透過這個過程，掌權者有意圖地
破壞或減輕那些對他們的權力構成威脅的組織
或意識形態對其權力的維持所造成的傷害
（Wolfe 1973a:5-6）。也就是說，在資本主義社
會中存在著不平等的權力關係，當受壓迫者認
知到自己的處境，並且組織起來群起反抗時，
鎮壓就會用來對付他們。

　　此外，伍爾斐亦接受了馬庫色（Herbert
Marcuse, 1898-1979）關於「剩餘壓制」

（surplus repression）❸的觀點，他認為雖然馬
庫色被批判為將壓制發展得太過廣泛，幾乎每
一件事物都被他認為是壓制性的。但若吾人只
將馬庫色的壓制觀念侷限於政治的鎮壓方面，
則吾人可以獲知，鎮壓和日常生活是息息相關
的，絕非那些地位穩固和生活優渥的人所想像
的那樣事不關己。並且鎮壓亦有預防性的功
能，決策者會採取種種的手段來防止其敵對的
階級形成階級意識與階級組織。伍爾斐指出
「預防性鎮壓」（preventive repression）觀念的
提出，顯示了當今之時鎮壓的本質已和十九世
紀時不同（Wolfe 1973a:21）。

（二）自由主義的鎮壓本質

　　伍爾斐認為鎮壓的存在代表了社會中存在
著階級衝突與階級鬥爭，而國家的任務就是要
負責解決衝突，以維護資本主義秩序，鎮壓乃
是國家用來解決衝突的一個主要手段。鎮壓除
了在實踐上是必須的，在理論上亦是自由主義
理論中不可缺少的一部分。伍爾斐認為，在理

想的自由主義之下應該會產生下列三種情況：
(1)獲致鎮壓位置的機會是平等的，雖然只開
放給一小部分人，但每個人都有同樣的機會獲
得這些位置；(2)鎮壓的施行會根據某些特定
的規則，絕對不會是武斷的；(3)任何團體都
和其他團體一樣可能會被鎮壓，其分配是和階
級無關的（Wolfe 1971b:22）。然而事實上卻
是：通往鎮壓位置之路對大部分人民是關閉
的；當適當的程序（due process）違背了國家
的利益時，就不太遵守之；並且社會中存在著
一個統治階級，他們從鎮壓之中得到好處，而
犧牲了那些挑戰其統治的人（Wolfe
1973a:123）。

　　伍爾斐認爲一般人對自由主義的批判，乃
是批判自由主義沒有達成自己的理想目標，但
事實上自由主義本身就是一個合理化鎮壓的理
論。他認爲自由主義理論中具有兩個互相矛盾
的本質，既是革命的又是反動的。自由主義一
方面是：

革命的，因為它透過政治自由的這個概念
而使十八世紀的社會有了快速的變遷；反
動的，因為它同時又尋求一個有秩序的社
會，來使那些得到自由的人可以有一個穩
定的環境來行使自由（Wolfe 1973a:17）。

　　伍爾斐認為自由主義一開始是一個反抗傳
統權威的理論，自由主義為人類帶來了公民自
由（civil liberty）的種種好處，也使人們開始
了解到他們有自己掌控自己生命的權利，因此
是一個進步的、革命的理論。然而自由主義也
是一個保守的、反動的理論，自由主義最初作
為一個替新的資產階級興起證成的理論，強調
經濟上的自由放任，任何人民的反叛都不可違
背這個經濟自由的最高指導原則，因此就會強
調秩序的言辭，而成為捍衛現存資本主義秩序
的保守理論。正是由於自由主義這種矛盾的本
質，而使得鎮壓在自由主義的政治生活中成為
一個必然之物。也就是說，在政治上自由主義
承諾人民可以擁有掌控自己生命的權力，但在

經濟上卻又將此權力剝奪走,自由的政治目標
不斷地被秩序的經濟目標所犧牲了(Wolfe
1973a:124)。

　　伍爾斐認為自由主義的歷史,就是那些控
制著社會並且建立一個有限的自由國家的人,
以及那些沒有私有財產為基礎,但又企圖分享
自由社會好處卻不獲准許(只有在他們從事鬥
爭之後才獲得准許)的人之間的鬥爭(Wolfe
1973a:229)。資本主義需要一個有秩序的社
會,需要一個穩定的政治環境,而受到全體人
民的同意與支持,因此就需要預先採取一個根
本的鎮壓,也就是意識形態的鎮壓。自由主義
提供了此一功能,它創造出人民的種種期待,
例如:繁榮、自由、民主等等,而使人民樂於
接受現存的秩序安排。可是一旦這些價值無法
達成,就會引發人民的反抗,使人民結合起來
尋求一個滿足這些期待的方法。掌權者在面對
人民的壓力時,也許會讓步與妥協,但當社會
的經濟利益分配愈來愈不平等時,人民的要求
就會超過掌權者所能容忍的程度,暴力的鎮壓

就成爲必要的了。伍爾斐指出：

> 只要權力的分配不是平等的，則鎮壓就會
> 存在於自由社會之中。如果無權者不要求
> 權力，則意識形態的鎮壓就已足夠。如果
> 他們要求權力，則會立刻得到暴力鎮壓的
> 回應（Wolfe 1973a:230）。

二、意識形態鎮壓

　　伍爾斐認爲鎮壓可分爲暴力的鎮壓與意識
形態的鎮壓。通常兩者是共同運作、彼此奧援
的，但其運用的程度是有差別的。在大部分的
資本主義社會中，國家通常比較喜歡意識形態
的鎮壓，因爲在自由民主的言辭下，暴力鎮壓
容易造成人民更大的不滿，而使國家付出失去
合法性的代價。並且若人民沒有不滿的意識，
則不會組織起來從事反抗，也就不需要用暴力

來打壓他們了。

（一）意識形態的鎮壓功能

伍爾斐認為意識形態的鎮壓可分為兩種，第一種乃是直接的意識形態鎮壓，也就是攻擊敵對的意識形態，並且捍衛現存的意識形態。這種意識形態鎮壓的運作不是隱匿的，而是公開的、無所不在的（Wolfe 1973a:126）。伍爾斐指出，在二十世紀初自由民主社會中的掌權者開始了解到意識形態鎮壓的重要性，開始了解到要別人接受其他人所灌輸的思考方式，並不是隨意就會產生的，而是要去做才行。因此就產生了一群灌輸意識形態的專家，從事所謂「公共關係」（public relations）的活動，在人民之間宣傳資本主義的種種好處，並且宣傳其他意識形態（社會主義、共產主義）的可怕。這種直接的意識形態鎮壓，在冷戰對立的年代最為明顯，以美國為首的所謂「自由陣營」不斷強調共產陣營的高壓恐怖統治，以及經濟國有化所造成的災難，進而鼓吹自由的資本主義才是人類唯一最好的選擇。

　　第二種意識形態鎮壓乃是間接的鎮壓，也
就是透過教導人民一些可以和資本主義並存的
價值觀，如果人民接受了這些價值觀，則資本
主義的優先性就不會遭受質疑（Wolfe
1973a:135）。這些價值觀包括：個人主義
（individualism）：強調自私自利，並且將社會
分化為由一個個單獨的個別人，而防止了由集
體行動產生社會變革的可能性；競爭
（competitiveness）：這是個人主義的附屬產
物，不單指經濟的競爭，而是要為每一件事競
爭；宿命論（fatalism）：使人們相信一切現
存的事物都無法有重大的改變可能；猜疑
（distrust）：使人們彼此不信任，而減低了彼
此合作的可能；狹隘的地方觀念
（parochialism）：這是一種對無知的操縱，使
人民相信自己的國家才是最好的；無理論
（atheoreticalism）：這也是一種對無知的操
縱，強調個別事件之間沒有因果性，或者是簡
化其因果關係；以及尊敬權威（respect for

authority）：包括要求人民對總統職位的尊敬
等等（Wolfe 1973a:135-140）。

（二）私人的意識形態鎮壓機構

伍爾斐認為，雖然私人的意識形態鎮壓機
構不是屬於政府所統轄，但它們亦提供了社會
的再生產，所以亦是國家本質的一個潛在部分
（Wolfe 1974b:150）❹。私人的意識形態鎮壓
機構包括了：私人基金會（foundations）、廣
告公司、公關公司、媒體、輿論製造者
（opinion makers）、工作場所、私人協會以及
家庭等等。這些機構所從事的鎮壓並不完全相
同，某些是以鎮壓為主要目標，另一些鎮壓只
是其附屬的產物；某些是從事直接的鎮壓，另
一些則是從事間接的鎮壓（Wolfe
1973a:140）。

伍爾斐認為隨著傳播科技的發達，媒體、
新聞、廣告等等的意識形態鎮壓也變得愈來愈
無孔不入。媒體和廣告主要是從事間接鎮壓的
功能，其針對的目標乃是以特定的價值灌輸為

主。例如在廣告中我們常常可以看到：「別讓
你的孩子輸在起跑點」（競爭）、「×××博士
強力推薦」（尊敬權威）、「只有×××才能符
合您的地位與品味」（個人主義）等等。這些
價值的灌輸我們也常常可以在電視節目、電影
或流行歌曲中看到，這些例子實在是不勝枚
舉。此外，它們亦扮演一個直接的意識形態鎮
壓的角色，特別是電視新聞與報紙。新聞與報
紙雖然常常標榜中立、客觀。但它們絕非中立
的，因為它們幾乎全都是由大財團所掌控，就
算不是為特定的黨派服務，也得為自己所屬的
財團服務。它們所謂的中立只是標榜跨越黨
派，但在當今發達工業社會底下，政黨間的差
距已不是很大，因此它們這種中立是無關緊要
的（Wolfe 1973a:147）。它們的報導也絕非客
觀的，它們所標榜的客觀乃是在一定的意識形
態架構下（自由主義、反共等等）對事件做出
詮釋，不是真的客觀。它們標榜客觀中立，只
是讓那些閱讀它們報導的人容易相信它們所做
的詮釋，進而不會去質疑它們的意識形態前

提。

　　其次，就算是那些不看電視、不關心新聞
的人，亦直接在他們的工作中受到意識形態的
鎮壓，這是馬克思在一百多年前早就指出的。
老闆們不斷將它們自己的價值觀灌輸給員工，
若員工不接受則會有遭到免職的可能。不論是
在藍領工人的工廠，還是白領雇員的辦公室，
這種從上到下的價值灌輸都不斷地影響人們的
日常生活（Wolfe 1973a:150）。此外，工會、
教會等等私人組織亦扮演了一個重要的意識形
態鎮壓功能。伍爾斐認爲雖然私人組織代表了
自由民主社會中的一項重要權利 —— 結社自
由，但這亦代表了一個基本的弔詭：

> 團體是有需要的，如此個別人才可得到自
> 由；但這些團體又可以用來定期地確保他
> 或她的不自由（Wolfe 1973a:166）。

　　也就是說，在這些團體本身的運作上就是
一種寡頭領導的模式，而不是民主的。這些團
體的領導特權只限於少數人，其他的多數人則

被鼓勵要維持其被動性，要當民主國家的良好
公民。這種團體的不民主結構，增強了憤世嫉
俗、命定論以及威權主義的價值❺。在教會的
運作中，亦可以看到這種不民主的結構，以及
保守價值（如：命定論、無知等）的灌輸
（Wolfe 1973a:168）。

最後，家庭亦扮演了一個重要的價值灌輸
的功能。在家庭中，溝通的管道通常是單向
的，由父母從社會上所接收的價值灌輸給他們
的子女。家庭是外部世界的縮影，父親在工作
時受老闆的壓榨，在家裡他就變成了妻子和小
孩的「老闆」（Wolfe 1973a:170）。兒童從小在
家裡所接受的價值觀，或多或少都會影響到他
們長大成人後的價值觀，因此家庭所扮演的意
識形態鎮壓角色是無法輕忽的。

（三）公共的意識形態鎮壓機構

誠如前述，發達資本主義社會的一個重要
的特徵，乃是國家的介入。國家不僅介入資本
的累積過程，亦介入合法化過程。在這種國家

的介入活動中，公共意識形態鎮壓機構扮演了
一個重要的角色，其中包括：國家的宣傳活動
以及教育體系。

伍爾斐指出，美國第一個國家宣傳機關可
以追溯到第一次世界大戰時所成立的「公共情
報委員會」（Committee on Public Information,
CPI）。它最初只是設計用來爭取人民對戰爭的
支持，但它的種種行動都是針對要贏得這兩個
團體的忠誠——勞工以及移民，並且不只是要
他們對「美國」忠誠，更是要他們效忠於美國
資本主義的經濟與社會秩序（Wolfe
1971b:21）。雖然CPI在1919年被保守的國會解
散了，但這種國家直接介入意識形態鎮壓的行
動卻逐漸增加。現代國家機關中普遍存在著公
共關係的部門，政府部門的廣告宣傳經費亦逐
年增加，透過各種媒體中的廣告，爭取人民對
政府特殊政策的支持❻。

和私人媒體比起來，國家宣傳活動的鎮壓
功能其實並不大，通常只是企圖爭取人民對國
家政策的支持。比起爭取對特定政策的支持還

重要的，乃是對人民態度價值的灌輸，而這是
透過教育體系來從事的。在直接的意識形態鎮
壓方面，學校不斷灌輸學生自由民主的優越
性，並且醜化馬克思主義，有些地方還限制馬
克思主義課程的開設，限定只能按照規定的範
本來詮釋左派學說，甚至還會解聘教授左派學
說的教師（Wolfe 1973a:161-162）。學校亦透
過倫理與道德、公民教育等等課程，來灌輸學
生諸如：順從、任命、謙卑、尊敬權威等等，
一個民主社會的良好公民所應具備的美德。

三、暴力鎮壓

　　當意識形態鎮壓失敗之時，當人民認知到
他們的現實生活和他們所被告知之間的極大差
距時，便是暴力鎮壓開始大張旗鼓之時。國家
的暴力鎮壓可分為法律的、情治的以及軍警的
直接暴力鎮壓。

（一）法律的鎮壓

　　雖然法律並不直接對肉體上造成傷害，但
透過法律來控制或破壞異議團體，仍然是一種
暴力鎮壓的形式。因為法律的背後乃是十分具
有傷害性的懲罰，並且透過強制執行這些懲罰
來威脅著人，這就構成了一種暴力的形式。法
律的鎮壓是國家所樂於採用的，並不是因為它
比其他的鎮壓更公平或更合乎正義，而是因為
它給與國家行動一個合法性的掩飾（Wolfe
1973a:95）。

　　伍爾斐認為法律絕非中立的，法律存在著
階級偏差。法律不僅在執行時會對不同的對象
有不同的待遇，許多法律在制定時本身就充滿
了階級的意涵（Wolfe 1973a:101）。正如米立
班指出的：

　　　　有為富人而設的法，也有為窮人而設的法
　　　　……重點是，一般的、普遍的和有力的一
　　　　套階級的前提和實踐影響到了法律和秩序

的每一側面（Miliband 1995:122）。

法律的鎮壓主要包括：「煩擾法」
（harassment laws）：透過某些擾人的行動來
煩擾異議團體，例如集會遊行法、人團法；
「義務法」（obligatory laws）：強迫人民遵守
某些義務，例如義務兵役；「包攝法」
（inclusion laws）：將某些人排除在國家之
外，例如移民或驅逐出境；「程序法」
（process laws）：規定執行法律行動的程序法
案，最著名的是關於陰謀叛亂的法律；「公共
秩序法」（public order laws）：宣稱為了維護
公共秩序而施行的法律，例如宵禁；「防範法」
（preventive laws）：在叛亂還未發生之前預先
用來控制那些可能會叛亂的人，例如要異議份
子定時向警察機關報到；以及直接的「政治法
案」（political laws）：直接具有政治意圖的法
案，例如50年代的反共法案（Wolfe 1973a:95-
100）。

（二）情治的鎮壓

國家亦會透過情治單位的間諜活動從事暗中的鎮壓。在此種鎮壓中，國家行動是否合法已無關緊要，因為合法或不合法的行動是難以分辨的。隨著科技的發達，監視儀器的日新月異，暗中的間諜活動是非常難被發現的。沒有人知道到底有多少電話遭到監聽，有多少人遭到跟蹤，甚至遭到暗殺，因此就算這些行動是非法的，也不太容易被人發現。此外，國家雖會透過暗中的手段來監控異議份子，但國家有時亦樂於展示其暗中的行動以威嚇異議團體，讓他們不敢輕舉妄動（Wolfe 1973a:102）。暗中監控異議份子不僅是要他們失去政治影響力，更重要的是要替法律的鎮壓蒐集證據。許多政治審判所採用的證據，都是這些情治單位所提供的監聽錄音帶，或者是秘密證人（Wolfe 1973a:107）。

（三）軍警的鎮壓

　　法律及情治的鎮壓之所以有效，乃是由於其背後的直接暴力威脅，亦即透過軍隊與警察的直接暴力鎮壓。例如對異議份子的家或異議團體的總部進行突襲搜捕，而將找到的東西當成審判時的證據。此種搜捕的目的不僅是要蒐集證據，更是一種透過不斷地煩擾，使異議團體只能採取被動的守勢，只求維持自己團體的存續，而不敢有更積極的作為（Wolfe 1973a:110）。此外，軍隊亦會以維護秩序的名義介入國內的暴力鎮壓。根據統計，美國的「國家衛隊」（National Guard）在二十世紀內所從事的政治鎮壓行動，主要涵蓋了三個範疇：(1)阻礙罷工；(2)阻礙種族活動；(3)其他的政治行動，例如干預學生運動（Wolfe 1973a:119）。雖然這種武斷的暴力鎮壓在近年來較為少見，但它仍是國家的一個重要的工具，現在只是備而不用而已。

四、海外鎮壓

　　由於全球化資本主義的發展，鎮壓也必須要擴展到世界各地去，才能維持此體系的存續。而身為世界資本主義龍頭的美國，自然便負起了向外輸出鎮壓的任務。

（一）輸出意識形態

　　在意識形態的輸出方面，二次大戰後美國透過諸如：「美國之音」（Voice of America）、USIS（United States Information Service）、USIA（United States Information Agency）之類的國家宣傳機關在第三世界宣揚反共的意識形態，鼓吹和「美國的世紀」（the American century）、「美國人生活之道」（the American way of life）可以並存的價值（Wolfe 1973a:180）。這些行動表面上是因為國際共產

主義運動在第三世界不斷蔓延開來，而自由世界必須要宣揚自己才能避免共產極權世界所帶來的災難。但事實上它的目的絕非如此簡單，在自由民主的口號背後，乃是美國企圖維持它在全球政治與經濟的霸權。藉著維護自由世界，圍堵共產主義之名，美軍可以堂堂正正地進駐他國。而跟隨著美軍而來的，就是美國跨國公司的商品，以及美國電影與音樂等文化的入侵。因此，除了直接的意識形態鎮壓之外，USIA之類的機構更關心的是美式價值的灌輸，特別是透過電影與音樂，這可使美國不必依靠武力就可以得到忠誠的盟邦。透過國家的補助，世界上有二百多個USIA電影圖書館，每年播放許多美國電影給其他國家的人民觀看（Wolfe 1973a:180-181）。

除了政府的宣傳機構之外，美國的意識形態輸出主要是透過媒體、基金會，以及大學等等。透過衛星科技的發達，美國的電視節目幾乎入侵到世界的每個角落。在美國電視節目上所播送的美式生活方式，成為第三世界國家的

人民模仿的對象，電視上所播放的廣告不僅是
要販賣美國公司的商品，更是要那些看到電視
的人信奉它們所傳送的價值觀（Wolfe
1973a:184）。此外，諸如「福特基金會」
（Ford Foundation）之類的私人基金會亦透過
援助經濟發展的計畫對第三世界進行意識形態
鎮壓。這類經援計畫的目的，絕非只是人道上
的理由，更是要讓這些接受援助的國家對美國
資本主義產生好感，而可以防止它們走向共產
主義，並且讓它們維持資本主義，才有助於美
國公司的投資。這些援助的經費有許多是投入
於對第三世界菁英的訓練與教育的計畫，不僅
在當地從事教育與訓練的工作，更資助某些菁
英到美國留學，灌輸美式的價值觀，而使他們
回國後容易和美國合作（Wolfe 1973a:186-
190）。

（二）輸出暴力

在對外的暴力鎮壓方面，則是透過國際
法、國際組織、海外的間諜活動，以及直接的

派兵入侵來從事。在法律鎮壓方面主要是透過
「包攝法」來從事，例如在某些小國建立起社
會主義政權，而對世界資本主義產生敵意時，
美國就會宣稱此國「對國際法律與秩序構成威
脅」，「不值得成為國際社群的一份子」，並且
進而將之排除在聯合國等國際組織之外
（Wolfe 1973a:191-192）。

　　此外，美國情報單位在世界各地的活動是
十分活躍的，在一個相對無政府狀態的國際世
界中，這種暗中的鎮壓是相當有彈性的。不僅
因為這種間諜活動各國都在從事，更是因為它
極難被發現（Wolfe 1973a:192）。最後，直接
的軍事入侵亦是美國經常採用的暴力鎮壓手
段。美軍在戰後的許多海外出兵行動都不是從
事正式的戰爭，而是以維持秩序或重建秩序為
名，在第三世界進行暴力的鎮壓。這些軍事行
動真正的目標並不是單純地只想要維持秩序，
更重要的是想要以武力來威脅或控制第三世界
國家（Wolfe 1973a:199）。

五、無鎮壓社會之可能性

（一）鎮壓是否減少了

伍爾斐不贊同馬庫色等人將美國的自由資本主義社會和法西斯主義社會等同起來，雖然兩者有某些相似之處❼，但它們仍然是不同的。法西斯主義是由個別特殊的國家，有其特殊的傳統（德、義、日三國都沒有很強大的自由主義傳統），再加上其本身工業化的特殊特徵而產生的（三國的資本主義發展都較晚，都是在其他國家已開始控制世界之後，因而亟欲打破其他國家的霸權）（Wolfe 1973b:51-52）。因此，伍爾斐不認為當今自由資本主義社會會走向法西斯式的極權鎮壓，反而是資本主義社會有它自己獨特的鎮壓形式。

雖然和法西斯不同，但並不意味著自由資

本主義社會中的鎮壓就消失了。雖然表面上看起來，當今的暴力鎮壓數量有愈來愈少的趨勢，但重要的不是鎮壓數量增減，而是鎮壓所採用的形式。暴力鎮壓的數量之所以會增加，乃是因為異議團體的勢力大增，而意識形態鎮壓不足成事之時。因此，雖然現在暴力鎮壓的數量有所減少，但這只是表示意識形態鎮壓運作得很成功，不需暴力的介入就能再生產現存的不平等關係，而不是意味著鎮壓的減少甚至消失（Wolfe 1973a:218-219）。鎮壓並沒有消失，它只是採取了一種讓人感覺不出它的存在的形式。因此，伍爾斐指出：

> 最完美的鎮壓資本主義國家不是一個警察國家，而是剛好相反，是一個沒有警察的國家，因為每個人都接受此社會的合法性，所以沒有什麼是需要鎮壓的（Wolfe 1971b:20）。

（二）社會主義有沒有鎮壓

　　既然資本主義社會充滿了鎮壓，則社會主義社會就不會有鎮壓嗎？伍爾斐認為蘇聯及東歐等國所建立的並不是純正民主的社會主義社會，而是以社會主義為名從事資本主義的發展。國家的角色不是創立一個社會主義社會，而是將資本主義發展所需的力量集中在國家的管理之下，是一種國家資本主義的社會，這樣的社會是不可能沒有鎮壓的（Wolfe 1973a:243）。

　　他認為純正民主的社會主義，將不只是完成民主的革命，亦會完成自由的理想。民主的社會主義並不是要放棄由自由主義所帶來的公民自由，而是要超越自由主義的侷限，將它的理想提升到更高的境界。也就是說，自由主義的理想帶給人民在政治領域上參與及平等的權利，使人民可以自己決定自己的命運。但在經濟的領域上，仍然存在著統治階級，由極少數的人控制著大量的生產工具，以及相應而來的

巨大宰制權力，因而多數人民仍然無法掌控自
己的命運（Wolfe 1973a:237-238）。因此，伍
爾斐認為完成社會主義革命最主要的方法就
是：

> 廢除私人所有權的概念，並且以一個人民
> 共同擁有的形式來取代之，是一個把政治
> 領域中民主的觀念擴大到經濟領域中的方
> 法（Wolfe 1973a:238）。

　　然而這樣的社會主義社會就不會有鎮壓
嗎？伍爾斐認為由於在經驗上並不存在這樣一
個社會，因此吾人無法證明它絕對不會有鎮
壓。但吾人可以預言，這種民主的社會主義社
會是邁向建立一個無鎮壓社會的第一步。也許
在遙遠的未來，隨著社會不平等的逐漸消失，
鎮壓也會逐漸消失。但在社會主義剛建立時，
還是會有鎮壓，只是這種鎮壓和資本主義社會
的鎮壓在形式及程度上是完全不同的。伍爾斐
認為其間最大的差距在於統治階級的有無，因
為在每一個社會中都會有一個治理的團體，他

們制定決策且維持社會運作。

　　但在資本主義社會中，有一群人擁有生產
工具，而其他人沒有。這些擁有生產工具的人
就是統治階級，他們不但擁有並且控制了一個
國家的生產性產業的權力。他們的所作所爲遠
遠超出單純治理的範圍，他們的目的是統治，
而不是單純的治理。他們的種種作爲都是爲了
讓這個可以使他們的利益不斷維持下去的資本
主義體系永存下去，而不是做爲人民的代理人
替人民服務。而社會主義中的治理團體，並不
擁有生產工具，也不是進行統治，他們只是依
照人民的意願而制定決策。他們也許會對人民
鎮壓，但這只是因爲他們做出的決策不受人民
歡迎。他們的鎮壓是零星的而不是系統性的，
因此也就比較容易克服。因爲這種鎮壓的目的
不是爲了維護一個不平等體系的存續，而只是
因爲治理者發生了錯誤而希望維持自己的權力
（Wolfe 1973a:238-240）。也就是說，在伍爾斐
的觀念中，只要經濟的不平等宰制消失了，則
政治治理上的鎮壓是比較容易克服的。隨著時

間的改變，在政府中服務不再是爲了得到個人
的報酬而替統治階級服務，而是自願地爲了全
體人民追求一個共同體的目標而努力時，人民
與治理者之間的距離就會減少，鎮壓的需求也
會跟著慢慢消失（Wolfe 1973a:241）。

（三）無鎮壓社會的種子

　　伍爾斐認爲，雖然當代資本主義社會中存
在著許多鎮壓，但在這些導致鎮壓的因素中
——階級社會的本質，以及人民所被告知的和
他們的眞實經驗感受之間的斷裂——卻包含了
克服鎮壓的種子（Wolfe 1973a:256）。由於鎮
壓是一種防止人民得到權力的方法，但在人民
開始覺醒後，鎮壓便逐漸失去效度。暴力的鎮
壓在短期間之內也許會有很好的效果，但長期
而言，反而更容易加深人民的不滿，並且會違
背自由民主所聲稱的公民權利。意識形態鎮壓
雖然不易發覺，但在人民逐漸感受到期望與現
實的差距後，便會開始質疑以往他們所接受
的、視爲理所當然的東西。也就是說，期望與

現實之間的差距導致了鎮壓，亦導致了人民的
覺醒，而透過種種的鬥爭來反鎮壓。因此伍爾
斐認為，這個克服鎮壓的種子，就體現在西方
資本主義國家逐漸嚴重的合法化危機之中。人
民的意識不再是容易被操控的，統治階級的意
識形態霸權亦逐漸式微，正如葛蘭西所說的：

> 如果統治階級失去了他們的共識，亦即，
> 不再「領導」（leading）而只是「宰制」
> （dominant），只是施行壓制的武力，這顯
> 然意味著廣大的人民群眾開始脫離了他們
> 傳統的意識形態，並且不再相信他們以往
> 所相信的（Gramsci 1992:275-276）。

　　然而，伍爾斐認為這些人民意識的覺醒，
只是建立一個無鎮壓社會的種子，並不表示一
定會開花結果。更重要的是要有更多人民的覺
醒，並且發起一個人民群眾的鬥爭，以人民自
己的力量爭取對自己生命的控制權。用一個以
參與和平等為基礎的體系，來取代一個以私人
權力和剝削為基礎的體系；以一個民主和解放

的社會主義，來取代一個非民主的、不自由的
和鎮壓的資本主義（Wolfe 1973a:260）。因此
他指出：

> 一個無鎮壓的社會只有當足夠的人民開始
> 建造之時，才能建造出來，而且現存社會
> 的鎮壓特性保證了總是會有人嘗試去做的
> （ibid）。

六、小結

透過本章的研究，吾人可得知伍爾斐關於
鎮壓國家的基本觀念是建立在葛蘭西與阿圖舍
等人所發展出來的理論之上的，並且藉助於戰
後的許多經驗證據，而將葛蘭西等人原本只是
理論上的概念推演，發展成一個更細緻、且更
符合於當今發達工業社會現狀的鎮壓理論。

透過伍爾斐的研究，吾人不僅了解了資本

主義國家的鎮壓本質，更明白了當今這個看似
太平盛世的時代，國家並不是我們表面上感受
到的那樣友善。鎮壓仍是到處存在的，雖然有
形的暴力鎮壓已經比較少見，但無形的意識形
態鎮壓仍然存在於我們的周遭。而且只要有需
要，國家還是會不吝於使用暴力鎮壓的。此
外，吾人更理解到建立一個無鎮壓的理想共同
體，乃是人類應該追求的終極理想。雖然看似
遙不可及，但理想社會絕對不是坐著等待就會
來到的，而是需要社會上的每個人共同的努力
才能實現。正如馬克思所說：

> 人應該在實踐中證明自己思維的真理性，
> 即自己思維的現實性和力量，亦即自己思
> 維的此岸性（馬克思與恩格斯1972：
> 16）。

> 哲學家們只是用不同的方式解釋世界，而
> 其關鍵的問題卻在於改變世界（馬克思與
> 恩格斯1972：19）。

註釋

❶鎮壓的國家機器乃是包括：政府、行政機關、軍隊、警察、法院、監獄等等，他們是靠暴力來運作的──至少，暴力是它最後的手段（因為鎮壓可能會採取非肉體的形式，例如行政的鎮壓）。而意識形態的國家機器則主要是靠意識形態來運作的，包括宗教的、教育的、家庭的、政治的、工會的、大眾傳播的以及文化的意識形態國家機器（Althusser 1971:142-143）。

❷阿圖舍認為每個國家機器──不論是鎮壓的或意識形態的──都必須同時靠暴力和意識形態來運作，兩者的區別只是主要手段與輔助手段之間的差別，鎮壓的國家機器和意識形態的國家機器是彼此交相為用的（Althusser 1971:145-146）。

❸對馬庫色而言，人類是在饑饉的基礎上建立文明的，只有對人類的本能進行必要程度的控制，人類才會免於為了爭奪財物而互相殘殺。然而在科學技術的發展之下，人類饑饉的狀況不再，基本的壓抑已不需要，但是物質資料的分配方式以及生產物質資料的勞動組織方式仍然是強加於人的，這種壓抑不是必要的，是統治者為了維持和擴大自己的特權，而對人的本能所施加的壓抑，馬庫色稱之為「剩餘壓抑」。詳見Marcuse 1962:32-34。

❹這似乎是受到葛蘭西與阿圖舍的影響。阿圖舍認為，雖然大部分的意識形態國家機器只是私人的機構，並不具備著公共的地位，但根據葛蘭西的看法，公共與

私人的區分乃是內在於布爾喬亞法律體系的區分，它的有效範圍只侷限於布爾喬亞法律體系的「權威」所到之處。而國家是「高於法律的」，它既非是公共的，也不是私人的，國家是區分公共與私人的前提。因此，一個機構是公共的還是私人的，並不重要，重要的是這些私人機構可以極其充分地執行意識形態國家機器的「功能」（Althusser 1971:144）。

❺然而伍爾斐認為吾人亦不可低估這些私人團體在促進人民權利上所扮演的正面角色。雖然某些團體的不民主結構扮演了價值灌輸的角色。這些團體的領導型式是寡頭的，且為統治階級服務，因而違背了大部分成員的利益，但結社權仍是一項促進人民利益的重要權利（Wolfe 1973a:168）。

❻例如，過去我們常常可以看到經濟部拍的宣傳核能無害的廣告。該廣告似乎在灌輸一種觀念：沒有核四，則沒有電力；沒有電力，則經濟衰退；經濟衰退，則台灣會變成第二個菲律賓。

❼它們的相似之處包括：(1)反激進，特別是反共；(2)都是關於擁有權力的意識形態，都必須合理化控制機制的重要性，包括意識形態與暴力的鎮壓；(3)都是私人經濟的資本主義社會，也都依靠國家和大型壟斷企業的緊密合作；(4)都不喜好教條與意識形態；(5)都喜好對外擴張（Wolfe 1973b:50）。

第六章
妥協的國家

　　本章旨在探討當代資本主義國家最主要的
一種妥協模式——社會民主，以及這種妥協模
式在美國的特殊發展，還有在當代資本主義國
家中所有用來解決矛盾的方法都逐漸失效後，
資本主義面臨了什麼樣的政治困境，最後則是
要探討未來資本主義國家可能的發展方向。

一、社會民主的妥協

（一）繁榮與被動性

　　誠如上一章最後所指出的，伍爾斐認為雖
然資本主義社會存在著意識形態和暴力的鎮
壓，但人民群眾不是呆子，不會永遠順從地接
受鎮壓，而是會透過種種鬥爭的手段來爭取自
己的利益。過度武斷地使用鎮壓，反而會造成
人民更大的反彈，進而引發推翻資本主義社會
的種子。因此，資本主義社會就需要一種和鎮

壓相輔相成的再生產機制，用來彌補鎮壓的缺點，這就是妥協。正如史瓦斯基（Adam Przeworski）所指出的，意識形態統治和鎮壓都不足以說明工人在資本主義下組織起來和行動的方式，在資本主義之下，工人和資本家之間就經濟問題而達成的妥協是可能的（Przeworski 1985:3）。墨斐和伍爾斐指出：

在二十世紀，布爾喬亞民主的全部建構（edifice），具體化了一個複雜的鎮壓與妥協的例子（Murphy & Wolfe 1979:12）。

這種妥協最大的特色，就是以經濟的好處來換取工人階級的被動性。也就是說，在當代資本主義底下，經濟的權力集中在少數資本家的手中，但隨著工人階級成為人口中的多數，他們除了自己的勞動力外，並不擁有經濟生產的工具，但卻擁有和布爾喬亞階級一樣的政治權利，因而對資本主義體系的存續產生一個極大的威脅。因此，透過組織化的工會、利益團體或社會民主政黨，將他們納入民主政治的體

制內，並且給予他們某些經濟上的好處以及象
徵性的政治權力，來換取他們被動地接受現存
體制，而不會從體制外劇烈地推翻之，乃是社
會民主妥協的一大要務。

　　社會立法與社會福利的增加，代表了以往
將勞動力視爲商品，由個別工人出賣給其私人
雇主的這個觀念，已經修正爲：所有公民的勞
動力，不論其對生產過程或資本累積有多少貢
獻，在道德上和法律上都應給予一定的收入權
利。透過以往的種種鬥爭而產生的福利國家，
正是代表了工人階級對於資本主義經濟內在法
則的一個政治上的勝利。但另一方面，將以往
階級鬥爭的精力納入福利國家的體制中，亦代
表了資產階級維護資本主義體系再生產的一個
勝利。因爲透過社會福利的好處，可以分化工
人階級，使他們無法行使其潛在的政治權力來
終結資本主義，工人階級放棄革命而擁抱改
革，資本家則採納改革而得以免除了革命的危
險（Bay Area Kapitalistate Group 1977a:24-26）
❶。

　　此外，儘管歐洲的福利國家比起美國有更
大的民主與平等的色彩，但它們仍舊和美國一
樣，都是企圖透過經濟成長所帶來的好處，一
方面緩和工人階級的不滿，另一方面又不會傷
害既得利益者的實質利益。因此，即使是具有
社會民主色彩的執政團體或政黨上台後，仍然
會十分強調透過國家的力量來幫助私人生產力
的提升與科技研究的進展，進而促進經濟成長
來擴大每個人可以分得的大餅，並且透過經濟
成長所產生的剩餘，用來支付國家福利政策所
需的經費，而不會造成國家財政上的負擔。然
而，若目標是追求經濟成長，則工會與左派政
黨就必須更依賴私人資本家創造成長的能力，
因而使得資方在磋商的地位上佔盡優勢，反而
導致工人階級在公共生活上的無能（Wolfe
1985a:325）。墨斐和伍爾斐語帶批判地指出：

　　　只要組織化工人心甘情願地接受了成長的
　　　恩惠……它就是接受了它在政治共同體的
　　　成員中的一個狹隘的意義（Murphy &

Wolfe 1979:11）。

　　也就是說，透過這種妥協使民主的性質改變了，工人階級不再積極主動地追求一個理想共同體的到來，而是透過這個利益的交換與磋商，使工人安於現狀。民主的參與變成了一種掮客式的民主，只是透過選舉政治的民主過程，將工人階級的政治精力吸收，而有利於資本主義秩序的管理。換言之，工人階級為了要在這種利益團體的磋商式民主中爭取自己的利益，就必須先接受這個政治秩序的合法性，而反對更加根本的變革。這種妥協的代價就是使工人階級去政治化、去除動員，變成只關注於自身狹隘物質利益的排他主義（particularism）❷，而放棄了全體人類共同解放的普遍主義（universalism）訴求（Wolfe 1985a:323-324）。

（二）社會民主黨的選舉策略

　　長久以來，是否參與選舉一直是左派內部非常具爭議性的議題。隨著資產階級議會民主

制度的建立，以及許多體制外的抗爭遭受打
壓，愈來愈多的左派人士開始相信，利用現存
的民主制度——特別是選舉權——來當作工人
階級追求政治權力的武器（Przeworski
1985:8）。在歷史上，資本主義下的政黨，扮
演了一個政治動員與政治轉型的代言人的角
色。十九世紀的產業家為了控制國家，而將自
己組成政黨，作為一個動員資產階級政治力量
的組織，用來對抗保守舊社會的力量，因而建
立了屬於他們的政黨體系。然而，對工人階級
而言，將自己組織起來參與選舉，集體地、間
接地表達他們的需求，是他們在制度上唯一一
種可以用來阻止資產階級利用國家為其利益服
務的方法（Wolfe 1976b:754）。因此，在大多
數西方國家中出現了兩黨制——或者是在歐
陸，兩個主要的政治集團：一個是由資產階級
所支持，並且直接代表了資產階級的利益；另
一方，則是源自於工人階級，但包含了進步的
與改革的資產階級份子❸。

　　伍爾斐認為，發達資本主義的政黨形構

（formation）會被兩種可能的模式所羈絆住，
這兩種模式沒有一個是可以運作的。一方面，
由一個純粹的與簡單的資本主義政黨所組成的
政府，在促進資本累積上是有效的，但在選舉
中卻是不利的。另方面，由一個以人民為基礎
的政黨來控制政府是有可能的，因為它具有可
選舉性（electability），但它受人民歡迎的代
價，就是它無法在一個資本主義的社會中有效
地統治（Wolfe 1978b:114）。然而這兩種極端
的情況，並沒有真的發生。因為不論是資產階
級政黨或者是工人階級政黨，都會朝中間路線
靠攏。特別是工人階級政黨，為了能夠在議會
民主體制下執政，必須採行溫和改革的路線，
而成為社會民主政黨。

　　由於工人階級佔有人口中的多數，社會民
主黨將他們組織起來，使他們以階級的身分來
投票，而不是以其他的集體身分來投票（如：
宗教、種族）。在一人一票的前提下，社會民
主黨幾乎成為二次大戰後，西方國家大多數時
期的執政黨。由於走的是議會溫和路線，並且

激進地國有化所產生的問題，不是社民黨所能解決的，因此生產工具仍然維持在私人手中。由於私人資本家仍然佔有生產工具，則工人階級的薪資以及國家福利計畫的經費，都必須依賴私人資本生產所生的利潤。因此，為了維持資本主義穩定地運作與發展，它就必須和資本家妥協，而滿足資本主義體系的累積需求。但另方面，若它太過於追求累積的政策，則無法對自己選民交代。因此，為了能夠有效地處理累積和合法化的矛盾，並且緩和勞資雙方的爭議，社民黨上台後就必須朝中間路線邁進，而放棄了某些自己原本的意識形態，成為代表工人階級和資本家磋商的代理人，企圖替它們的選民贏得分配性的酬庸，並且以此來安撫工人階級的不滿，而不會阻礙私人資本的順利累積（Wolfe 1976b:755）。

　　伍爾斐認為，社會民主黨透過同時承諾資本家的累積並且提供福利計畫來緩和矛盾的方法，只是一種暫時的妥協，這種妥協狀態只有當經濟景氣良好時才能維持。當景氣衰退使得政府為了刺激景氣而被迫對資方讓步時，工人階級對社會民主黨的支持就會減少；當管理矛盾的代價升高時，中產階級傾向於將責任歸咎於社會民主黨；當國家干預的增加而威脅到資本累積時，會引發資本家對社會民主黨的反彈（Wolfe 1978b:115-119）。易言之，社會民主黨的妥協作法，在特定的情況下也許可以運作得不錯，而使累積與合法化之間的階級鬥爭暫時休兵。但是一旦經濟衰退，則這種兩邊討好的作法，反而會激化累積與合法化之間的矛盾，造成資本家和工人同時的反彈，而使得社會民主的運作困難重重。總之，社會民主雖然是一種調停階級衝突的手段，將衝突吸收到公部門之中，但國家管理國內階級矛盾的能力是有限的，並且使階級鬥爭的戰場延伸到了國家部門，反而對社會民主造成了傷害（Wolfe 1978b:109）。

（三）累積與合法化功能的國家化

伍爾斐認為，資本主義國家並非單純的階

級鬥爭和團體間鬥爭的場所，而是一個受到統
治階級支配並且受到抽象的意識形態所限制的
國家，任何階級都不能在國家之上建立自己的
霸權。國家官僚機構有權在統治階級的物質需
求和從屬階級的意識形態理想所設定的範圍之
內制定政策（Carnoy 1984:280）。換言之，資
本主義國家之所以會有自主性乃是由於累積與
合法化之間的矛盾不斷加劇，使得晚期資本主
義需要一種制度，來解決社會上的政治矛盾，
而解決此矛盾的最終手段就是國家本身以及國
家的官僚。他認為晚期資本主義社會最主要的
困境是不累積（disaccumulation），以及失去合
法性（delegitmation）。國家作為這種困境的最
後手段，將累積及合法化的功能都國家化了，
由國家來承擔這兩個功能，並且由國家的官僚
來扮演矛盾解決者之角色。

　　首先，在累積功能的國家化方面，伍爾斐
引用了哈伯瑪斯關於「生產關係的再政治化」
（repoliticization of the relations of production）
之概念，指出國家所採行的四重任務：建構並

維持生產方式、對市場補助、必要時取代市
場，以及對在劣勢團體壓力下的市場做出補償
（Habermas 1975:53-54）。伍爾斐指出，

> 階級鬥爭是資本主義國家蕭條的根本原因
> ……資本的私人累積體系能力的衰減，迫
> 使國家在累積過程中發揮更大的角色，批
> 准資助大公司，幫助跨國公司征服各地的
> 人民，提供研究和發展的經費，實施偏頗
> 的稅收結構以資助私人公司增加利潤
> （Wolfe 1977a:259）。

國家介入資本累積的過程之中，已經遠超
出單純的競爭管理者的角色，而成為累積過程
本身的一部分，承擔起資本累積的任務。然
而，這並不是意味著將所有私人生產工具統統
國有化或社會化，而進行供給面的干預。反而
是透過實行凱因斯主義（Keynesianism）來管
理市場經濟的自由活動，從需求面著手來刺激
總體經濟的需求，而不介入供給面的干預
（Wolfe 1978b:118）。這是一種大部分可獲利的

生產工具仍然維持在私人手中，但生產成本卻
社會化的方法。國家也許會接管某些嚴重虧本
的公共事業（如：鐵路運輸、郵電、都市交通
系統等），但這並不是為了和私人資本競爭，
而是為了提供能使私人經濟活動獲利所必須的
公共財，使得某些私人生產所必要的成本由國
家來負擔。此外，正如歐康納所認為的，在國
家對私人資本資助的干預種類中，最普遍的仍
是為了解決私人獲利的問題。因為缺乏私人商
品需求的正常增長，累積就會中止，而在當今
私人商品需求的增長，需要的是國家新的資助
（Carnoy 1984:225）。

其次，當國家擴大權力成為經濟秩序中不
可缺少的一部分時，它也就無法再呈現出中立
的模樣，不再是處於階級鬥爭之上，仲裁階級
之間的衝突了。由於國家在階級鬥爭中會偏祖
某一方，因此合法性就無法再透過一種自主市
場（automatic market）的意識形態來鞏固，國
家在合法化問題上就必須要扮演一個主動的角
色，負責確保人們對資本主義體系的忠誠。正

如當私人公司無能累積資本時，國家便介入累
積的過程；當政黨、利益團體等中介機構失效
時，國家便吸收了合法化的功能，這就是「合
法化功能的國家化」(the nationalization of the
legitimation function)（Wolfe 1978a:429-
430）。

　　透過國家的同時介入累積與合法化功能，
讓鬥爭的雙方都各讓一步，因而產生一種妥協
的狀態。然而，國家吸收了資本累積及合法化
這兩個原本就是矛盾的功能，但卻無法化解矛
盾，反而把矛盾轉移到國家的領域之中。在累
積功能上，國家必須要根據非資本主義的邏
輯，積極介入累積過程，才能維持資本累積所
需的條件。但若它太激烈地拒絕資本主義的邏
輯，則會損害到資本主義本身（Wolfe
1977a:264）。在合法化功能上，國家無法在一
個對私人資本積極回應的情況下，堅持其合法
性的承諾，國家對私人資本的幫助，加強了民
眾對資本的譏諷，產生了人民對政府的負面態
度，這就是資本主義國家的合法化危機

（Wolfe 1977a:328-329）。

合法化功能的國家化，在經濟上，是透過
實施某些社會福利的計畫，來緩和工人階級的
不滿。而在意識形態上，國家吸收合法化功能
的方法就是「國家的物化」（reification of the
state）。伍爾斐認為，國家雖然吸收了累積和
合法化功能，但卻陷入了難以擺脫的矛盾中。
在經濟上，正如歐康納所指出的，國家既無法
滿足資本家，又無法滿足工人階級，反而會陷
入財政的危機。因此只好在意識形態上設計出
一種詭計，藉此恢復其合法性，尤其是在工人
階級中的合法性，這種意識形態的詭計就是國
家的物化。伍爾斐認為，晚期資本主義社會主
要的政治發展就是傾向於把國家視為國家所無
法解決的問題之解答。隨著國家無法解決問
題，而又要求增強國家的權力，因而產生了一
個循環，由國家的無能產生對更大權力的要
求，又導致了更高層次的無能。「國家愈失
敗，它就愈受尊敬；且國家愈受崇敬，它就愈
失敗」（Wolfe 1977a:279）。這種賦予國家一個

超乎尋常的力量而崇拜國家，並且將國家權力
視為其本身的目的，而非其他更高的目標
（如：柏拉圖的正義）的手段，就是國家的物
化。國家權力的擁有者所關心的不是國家行動
的目的，而是行動本身，國家行動成為其自身
的目的。「國家的權力是善的，因為它是國家
的權力」（Wolfe 1977a:281）。

　　伍爾斐認為國家的物化有三種形式❹，但
不論是哪一種形式，國家的物化都象徵了晚期
資本主義進入困境的過程。國家擁有極大的權
力，但卻無能為力，擁有國家權力的人只知讚
頌權力，卻不知此權力行使的目的為何。因
此，在思想的領域上國家物化了，而在實踐的
領域中，則象徵了選擇的用盡（Wolfe
1977a:285）。亦即國家潛在權力的增加，吸收
了累積與合法化這兩個不可能的任務，反而導
致國家的虛弱、可選擇的替代方案的用盡。因
此他指出：「晚期資本主義國家無法擺脫生產
狀況和政治生活的期望所加諸於它的矛盾」
（Wolfe 1977a:259）。

二、美國獨特的妥協模式

（一）成長政策的建立

伍爾斐認為，在累積與合法化的矛盾下，二次世界大戰後，社會民主的妥協方法幾乎蔓延整個歐洲。而美國對於此壓力亦無法免疫，但美國的資本主義傳統和歐洲不同，因此發展出了一種特殊的社會民主妥協模式。歐洲的福利國家比較強調國家的計畫與社會平等的實施，但美國的改革者則企圖達成兩個目標：強調對內的經濟成長以及對外的帝國主義策略來解決矛盾。透過快速的成長，既可以給予資產階級一個追求利潤的承諾，而成長所帶來的剩餘又可以安撫下層人民的不滿（Wolfe 1981a:22）。經濟成長需要美國在海外的經濟霸權，因為經濟成長需要一個穩定的國際體

系，而美國在戰後對世界經濟所處的優勢，便
承當起世界經濟管理者的角色。因此，在歐洲
推動社會民主的力量，移植到美國之後，就變
成了一種軍事的凱因斯主義（military
Keynesianism）❺（Wolfe & Sanders 1979:
49）。

　　伍爾斐認為，美國之所以採行這種成長的
策略，乃是和美國戰後國內政治妥協有很大的
關係。這種妥協，使得傳統的保守主義份子和
新政的自由主義者，結合成一個「成長聯盟」
（growth coalition）。成長聯盟成功地創造出一
個經濟擴張的體系，而將以往彼此對立的黨派
結合起來。他指出，1950年代美國的政治詞彙
產生了一個改變。自由派（liberals）相信政府
必須扮演一個正面的角色，修正資本主義的弊
病，並且關注於平等與社會正義。保守派
（conservatives）則認為企業是美國的命脈，政
府應該要盡可能地減少干預。然而在成長的優
先性蓋過一切之後，兩派對於追求成長的目標
是相同的。兩者的差別只是在於，自由派主張

透過政府來創造快速的成長，而成長所產生的剩餘可以用來資助社會福利；保守派則是希望成長透過私部門來完成，並且不希望成長的速度過快，而產生通貨膨脹（Wolfe 1981a:28-29）。兩派雖然表面上互相從事政治鬥爭，但事實上卻逐漸走向妥協，兩者都迴避了政治的選擇，不再關注於政治共同體的終極目標，而是在一個追求成長的最高命令下，使兩者的政策愈來愈接近。

此種成長的妥協在一個經濟快速成長的時代是可以成功地運作的，經濟成長的成功有三個原因：企業的壟斷化、國家的干預，以及美國海外的帝國擴張。企業的壟斷化有助於生產力的大量提升，並且可以避免競爭造成大企業的獲利率下降。企業的集中化受到政府增加其經濟角色的援助，除了一些基礎建設外，最重要的是政府在國防軍備上的支出。此外，美國在海外的擴張行動，更有助於美國跨國公司尋求更便宜的勞力資源與更廣大的商品市場（Wolfe 1981a:32-34）。這三者的結合，使美國在1960年代經濟成長達到高峰，不僅美國企業獲利率大增，工人階級的生活亦獲得改善，失業率和通貨膨脹率都十分的低。

然而到了1970年代，以往經濟成長成功的這三個因素，反而導致經濟的衰退，而使以往透過經濟成長而迴避的問題逐一浮出檯面。為了避免競爭而形成的壟斷公司，反而比較不從事研究與發展，導致了生產力的下滑。國家的干預不但造成通貨膨脹，更導致了國家財政的危機，軍費的支出亦使國家財政更加拮据。海外的投資則造成產業外移，國內失業率上升，以及美國產業競爭力的下滑（Wolfe 1981a:40-41）。經濟成長不再，則這種以成長為前提的妥協就會逐漸走入僵局。企業界開始要求自由化，減少政府的支出，特別是社會福利的開支，而勞工則開始要求更加平等的社會政策。美國的當政者陷入了兩難，在經濟上，追求成長就必須依賴商業的投資，然而在政治上，要贏得選舉的勝利就必須得到工人階級的支持。經濟成長雖然可以同時獲得兩方的支持，但是

在一個經濟不再成長的時候，兩者會同時反
撲。

（二）反凱因斯主義

伍爾斐認為，凱因斯主義的目的是要利用
政府從資本主義中拯救資本主義，然而在美國
卻變成了，透過私部門的擴張來影響政府的計
畫與行動，因此是一種反凱因斯主義
（counter-Keynesianism）（Wolfe 1981a:50）。凱
因斯認為資本主義社會最大的問題，就是無法
提供充分就業以及財富的不平等分配。充分就
業是所有改革的先決條件，因為充分就業可以
導致收入的重分配，並且會刺激經濟的成長，
還可以降低利率，而刺激投資。因此，凱因斯
主張必須保障充分就業，並且要透過政府的計
畫機制來創造充分就業。然而這種方案到了美
國，受到商業界及保守派的強烈反彈，因而產
生了一個妥協。也就是一方面承諾私部門的擴
張來創造經濟成長，而使商業界得到利潤；另
方面則是透過私部門的經濟成長來確保充分就

業，而使工人階級得到就業的保障（Wolfe 1981a:53-54）。

　　這種依賴於私部門創造經濟成長的妥協方法，使得政府必須贏得企業信心，才能使私人資本家樂於投資，因此政府就放棄了在凱因斯主義中，政府用來管理經濟的工具。這些工具包括：(1)政府對經濟活動中的供給面干預；(2)綜合調整貨幣與財政政策；(3)將勞工納入政府的計畫中；(4)隔離於世界經濟之外；(5)以收入重分配爲目的的政府支出（Wolfe 1981a:54）。放棄了這些工具，取而代之的是：(1)透過需求面的干預來刺激經濟的成長；(2)政府調整貨幣與財政政策的不一致；(3)以私部門的經濟成長所增加的工資來安撫勞工；(4)透過海外的經濟擴張來創造就業；(5)雖然政府支出增加了，但卻是用在軍費支出方面（Wolfe 1981a:55-62）。這些作法的共同點都是依賴私人資本來創造經濟成長，如此才能增加政府推行計畫所需的經費，並且安撫工人階級的不滿。因此原本是希望透過公部門

來刺激私部門的凱因斯主義，卻變成了是透過
私部門來刺激公部門的反凱因斯主義。

　　對伍爾斐而言，凱因斯主義真的實踐後會
如何是另一回事，但美國戰後這種假借凱因斯
主義之名，卻從事和凱因斯主義背道而馳之
事，乃是根源於美國戰後政治鬥爭的一種妥
協。自由派人士一方面對工人階級做出社會平
等與福利的承諾，另方面又拒絕動員工人階級
來對抗既得利益的私人資本家，只好以經濟成
長的手段來滿足雙方（Murphy 1981:155）。這
樣的作法只是在一個經濟可以成長的時期，掩
飾社會財富分配的問題，一旦經濟成長停頓，
這個根本的問題就會浮現。

（三）沒有改革的改革

　　二次大戰後，美國的自由派透過對平等與
社會正義的承諾，提出了某些改革的計畫，主
要的目標在於：提供每個人良好的住屋及醫療
保健。然而，這樣的計畫受到商業界及保守國
會的反對，因此產生了一個妥協。透過政府資

助公共工程的計畫，來刺激經濟成長，如此才可使所有人（包括窮人）得到好處。伍爾斐認為，國家干預背後的基礎問題，乃是在兩個終極目標之間做選擇：資本的累積以及平等的促進（Wolfe 1979a:110）。但是美國戰後的改革，卻是企圖將政府的經費用在刺激經濟成長的公共工程上，是一種不會威脅既得利益者的特權，又可以提供沒有痛苦的社會正義的妥協方法。

在住屋政策上，1949年的住屋法案（the Housing Act of 1949）正象徵了改革者與保守派之間的妥協。這個法案給予人民一個公共住宅的承諾，但卻是透過擴大對公共工程以及都市更新的支出來進行的。保守商人不再反對政府經費的擴大，他們關心的是，這些政府的支出能否中飽其私囊。政府擴大公共工程以及都市更新的結果，很少是替無住屋者蓋更多的房子，反而是透過都市更新計畫而拆掉許多窮人的房子，並且建造了許多購物中心、公園、田徑場、高速公路等等，有助於經濟成長或者是

中產階級生活享受所需之物（Wolfe 1981a:85-
88）。在醫療保健方面亦是如此，美國政府對
醫療保健的支出，主要是用在蓋更多的醫院，
而不管窮人到底有沒有經濟能力到醫院就醫。
這樣的作法不僅可以消除病床短缺的情況，而
使人民有了一個政府正在進行醫療改革的印
象；並且可以透過聯邦的支出給予商人賺錢的
機會，而又維持醫療界既得利益者的利益
（Wolfe 1981a:89）。

　　伍爾斐認為，這種沒有改革的改革有四個
主要的問題。第一，財政的不負責任：這種將
大量的經費投入建設計畫的舉動，是昂貴的、
浪費的與不必要的。一旦這些建設計畫造成國
家財政的困難時，反而會把責任推給社會福利
計畫。第二，意識形態的折衷主義：它的意識
形態基礎不是保守派的「凡是存在的，就是對
的」（whatever is, is right），也不是激進的觀念
「凡是對的，就應該要存在」（whatever is right,
should be），而是「凡是可以運作的，就是對
的」（whatever works, is right）。這種透過成長

來證成自己的方法，在不成長的時刻，會同時
遭到左派和右派的責難，而沒有一個可以捍衛
自己的思想體系。第三，計畫的困難：由於成
長依賴於私部門的擴張，因此國家不但無法提
供經濟的指導，更會從屬於市場的機制，自由
放任在公共領域取得了勝利。第四，加速了社
會的不平等：成長和平等並不是完全相同的目
標，有時候追求成長反而更加速了社會的不平
等（Wolfe 1979a:113-114）。總之，這種妥協
的作法所產生的政府計畫，由於太過昂貴而使
右派不悅，但又太過無能而使左派不滿，不但
無法妥協，反而會陷入更大的困境（Wolfe
1981a:108）。

（四）民族主義的國際主義

在和其他國家的經貿關係方面，一般而言
有兩種觀點：保護主義以及國際主義。兩者各
有其優缺點，這端視其注重的是貿易的議題，
還是貨幣與財政的議題而定。每個國家的政策
都會包含這兩種成分，但要選擇偏向哪一邊，

是每個國家所必須做的基本政治選擇。而美國
對此兩難的決定乃是選擇一種妥協，伍爾斐稱
之為「民族主義的國際主義」（nationalistic
internationalism）。亦即，創造出「國際貨幣基
金」（International Monetary Fund, IMF）以及
「世界銀行」（World Bank）之類的國際機構，
採取了一個國際主義的形式，但卻無法否定美
國的主權，除了美國以外，世界上所有國家都
必須聽從國際市場的命令（Wolfe 1981a:146-
148）。

　　這種妥協主要是在兩個方面：第一，平等
互惠與差別待遇的妥協：透過對其他國家的援
助，使他們可以購買美國的剩餘產品，而刺激
美國經濟的成長，並且提高國內的就業率。這
是一種透過外國之手，將美國政府的補助金轉
交給美國公司的方法，既滿足了國際貿易的形
式，又保護了美國的產業。第二，美元既是美
國的貨幣，又是國際貨幣基金：這種方法可以
使美國透過印更多的鈔票來解決其國內的赤
字，而不必擔心負面的貿易平衡問題。換言

之，自由貿易如果產生了盈餘，則是美國獲
利；如果產生了赤字，則透過貨幣的補貼來消
彌赤字（Wolfe 1979a:108）。

　　這種民族主義的國際主義只有當美國的經
濟仍是世界的霸主時，才能夠順利地運作。然
而在西歐、日本以及其他第三世界國家的經濟
快速成長後，美國對世界經濟的主宰亦逐漸衰
退。美國對世界各地的輸出在1970年代快速下
降，美國跨國公司在世界各地的投資反而使美
國國內的經濟衰退，歐洲、日本等國亦開始不
滿美元造成他們國家的通貨膨脹（Wolfe
1981a:164-165）。總之，這種妥協方式在美國
不再是世界經濟霸主時，將難以運作下去。

（五）海外的帝國主義

　　美國戰後的外交政策，受到右派的孤立主
義（isolationism），以及左派的全球人道主義
（global humanitarianism）之間的衝突，而產生
了一個妥協。這個妥協包含了上述兩者的成
分，將經濟擴張、軍事干預以及國際的理想主

義混合在一起,而成為一種帝國主義式的「美
國霸權下的和平」(Pax Americana)(Wolfe
1981a:112)。也就是說,透過國防經費的支
出,以及好戰的外交政策,來刺激美國經濟的
成長。並且透過加深民眾對蘇聯的負面認知,
而取得美國海外侵略行動的正當性(Wolfe &
Sanders 1979:47)。

　　一般而言,傳統的美國保守派傾向於主張
孤立主義,但由於戰後蘇聯的興起成為美國的
一大威脅,使得保守派開始修正其立場。但伍
爾斐認為,戰後積極的對外政策,除了蘇聯這
個外部的因素外,更是受到美國國內政治的影
響。美國自命為世界警察,強調透過軍事力量
的使用,來解決國際的問題,並不是以一種國
際理想主義的途徑來引導世界,而是為了美國
本身的利益。特別是替美國在海外的投資提供
一個保障,而使美國公司的利潤不致受損,進
而促進國內的經濟成長(Wolfe 1981a:117)。
因此,透過對蘇聯威脅的強調克服了美國內部
的種種矛盾:歐洲變成美國的貿易伙伴,而可

以購買美國的剩餘產品；勞工與資本家可以在他們對共產主義的反對中統一起來；國會對全球主義的反對可以克服；美國民眾本能地傾向孤立主義的觀感可以被壓制（Wolfe 1981a:114）。

這種也是一種軍事的凱因斯主義，主要是由成長聯盟本身所面臨的政治困境而來。戰後的許多政客，特別是民主黨的政客，是由於他們在競選時給與勞工階級、少數民族以及其他的弱勢團體許多的承諾，才得以上台。一旦執政後，他們就必須在剝奪既得利益者的特權，以及擴大整個經濟來刺激成長之間做出選擇。通常他們會選擇後者，並且他們用來刺激經濟成長的方法，就是擴大公共的預算。在許多擴大公共預算的方式中，他們會選擇擴大軍事的預算，因爲這最不會受到私部門的反彈，又可以提供人民某些就業機會（Wolfe 1984a:99-100）。特別是，國防支出的增加通常都是在經濟早已度過蕭條期，而開始回升之後。這意味著，國防支出的增加，並不是用來促進美國經

濟成長的方法，而是用來鞏固成長聯盟的政治
手段（Wolfe 1984a:98）。

　　伍爾斐認為，這種透過帝國主義的對外擴
張來加速國內的經濟成長，再由國內的經濟成
長來增強海外擴張的作法，在一個經濟成長的
時期之內，也許可以讓美國不必付出任何代
價，就可以同時得到兩個最好的世界：經濟成
長，以及海外的擴張。然而就長期而言，反而
會使美國經濟衰退，並且遭致其他國家的反
撲，而使美國同時失去了這兩個美好的事物。
伍爾斐認為，國防支出的擴大也許在短期之內
可以加速經濟成長，但長期而言，將公共的經
費用在對人民生活毫無幫助的破壞性產業上，
反而是造成了許多無謂的浪費，以及嚴重的通
貨膨脹，而使國家的財政發生困難（Wolfe
1981a:128）。此外，美國企圖依靠軍事力量來
確保對海外的影響力：對世界經濟的支配、圍
堵蘇聯、防止第三世界革命，並且得到其他國
家的尊敬。這種武斷地以軍事手段來解決國際
問題的方法，反而使美國無法透過和其他國家

平起平坐的磋商，來做出一個有效的外交政策（Wolfe 1981a:131）。總之，不論是內政或是外交的決策，都是一種選擇，選擇了某一方就必須放棄另一方。但美國戰後這種妥協方式，卻迴避了選擇，它什麼都想要，但卻什麼都得不到。

（六）第三世界的發展

正如前述，美國陷入孤立主義與全球人道主義之間的矛盾，對內的解決方法，就是一種軍事的凱因斯主義。對外而言，就是將美國的經濟成長模式，推廣成第三世界的發展。由於種種原因❻，美國必須透過海外的援助，來贏得第三世界國家的好感。然而，海外的援助卻會遭受保守派、商人以及工人的保護主義所反對。除非將這些援助的人道主義成分除去，否則對外援助將遭遇國內強大的反彈。因此，美國形成了一種針對第三世界政策的國內妥協：透過鼓勵第三世界的發展，來取代人道的援助。這不僅可以使它們加入經濟成長的行列，

而脫離貧困，又不會傷害那些最初造成其貧困
的經濟秩序（Wolfe 1981a:173）。

　　因此，美國戰後對第三世界的援助，變成
了一種具有附帶條件的援助。大部分的對外援
助，都是透過貸款的形式來從事，並且訂定了
一些嚴格的還款標準。更重要的是，這些貸款
還有一個政治的標準，也就是「策略性地不出
借」（strategic non-lending），要求接受貸款的
國家擴大該國私部門的大小，並且發展自由貿
易（Wolfe 1981a:176-177）。也就是說，那些
接受援助的國家，無法自己決定這些錢要怎麼
用，而必須聽從美國的指示，否則它們會拿不
到錢。而美國對它們的指示，主要是希望它們
能發展出自由貿易，進而將它們納入全球資本
主義體系之中，而增進美國國內的經濟成長。
因此，伍爾斐認為，美國對外的援助美其名為
幫助第三世界國家消除貧困，但事實上卻是用
來維持美國對它們的控制（Wolfe 1981a:
190）。

　　這種妥協方法，在美國經濟不再強盛的時

候，會逐漸走入困境。某些第三世界國家變得
更加窮困，而另一些則變富有了。變窮的國
家，開始質疑美國這種發展式的援助，進而要
求更多的人道援助。變富有的國家，則形成了
一股新興的力量，開始威脅美國的經濟與政治
的勢力。美國國內經濟成長的衰退，更使得保
護主義與孤立主義的勢力抬頭。同時面對著國
內與國外的反彈，這種發展的妥協模式，不僅
沒有兼顧二者，反而引發兩方的批判，而難以
運作下去（Wolfe 1981a:198）。

　　總而言之，伍爾斐認為資本家並不是資本
主義社會唯一的驅動力量，國家的角色也不是
資產階級單純的工具，而是受到種種矛盾所擺
佈。戰後美國的自由派其實是有機會在美國發
起一個更加純正的社會民主，但他們卻不願動
員下層人民，而只想以某種中間路線的妥協來
緩和矛盾。這種作法不但難以解決矛盾，反而
會使美國陷入更大的困境（Murphy 1981:
158）。

三、妥協的政治困境

　　伍爾斐認為，晚期資本主義在政治與經濟上的妥協失敗，不僅會導致累積與合法化之間的矛盾與危機，更會導致一種哈伯瑪斯所謂的意義的危機（crisis of meaning）（Wolfe 1977a:252），或者是動機的危機（motivation crisis）。正如哈伯瑪斯所指出的：

> 一個合法化的危機，必定是建立在一個動機危機的基礎之上──亦即，一方面由國家、教育系統以及職業系統所宣稱需要的動機，和另一方面由社會─文化系統所提供的動機，兩者之間產生了矛盾（Habermas 1975:74-75）。

　　伍爾斐亦認為，這種動機的危機正體現在資本主義政治體系的政治化與去政治化需求之

間的矛盾。統治階級爲了維持其霸權，就必須
要透過去政治化，來壓制人民對參與及平等的
欲求，而使他們沒有別的選擇可選。然而，爲
了要保證人民對現存秩序輸出忠誠，又必須要
給予某種程度的政治化，以吸收他們的政治精
力❼（Wolfe 1977a:295）。因此，官僚、公
民、中介機制以及政治菁英本身都陷入了政治
化與去政治化之間的矛盾。

（一）官僚的增長與矛盾

　　伍爾斐認爲，晚期資本主義國家官僚的增
長象徵了國家權力的擴大與無能。國家吸收了
累積及合法化的功能，意味著官僚必須要面對
社會中最難以解決的矛盾，因此官僚便陷入了
它應該做什麼以及它天生就無法做什麼的束縛
之中（Wolfe 1977a:264）。官僚原本的意識形
態是非政治的，中立於階級衝突之上的，並且
只關注於行政的理性。但在晚期資本主義社會
中，原本由階級鬥爭以及政治過程所決定的問
題，卻交付給行政官僚來處理，公共官僚承擔

起階級鬥爭與政治鬥爭的結果，造成了行政的
政治化。官僚陷入了政治化的行動與非政治化
的意識形態之間的矛盾，官僚的行動變成了無
法行動，官僚的壯大就是它的衰弱。因此，
「晚期資本主義公共生活的特色就是對官僚化
的需求以及失望」（ibid）。

　　由於官僚無法解決問題，因此拒絕解決問
題就成為官僚解決問題的途徑，並且失去了公
共利益的觀念。因此發展出虛幻的政治以取代
真實的政治，操縱某些象徵，為統治階級的合
法性服務，以維護其霸權。然而在晚期資本主
義中，公共行政者反而被自己所操縱的象徵所
騙，他們編造了許多神話，並且開始相信自己
的言辭，因此便和社會的真實需要以及人民關
注之事脫離。他們發展出自己的儀式、語言，
以及間接的溝通體系，而孤立於人民之外，因
此不但無法解決人民的不滿，反而由於其操縱
的虛幻政治的曝光而更加深了人民的不信任
（Wolfe 1977a:274-278）。

（二）公民的精神分裂

伍爾斐認為，在民主要求政治化以及自由主義社會去政治化的傾向之間，晚期資本主義社會的公民產生了一個政治的精神分裂症（Wolfe 1977a:295）。政治化和去政治化的訊息同時向人民招手，為了要在社會中繼續生存下去，公民就必須妥協，必須接受這種同時加諸於他身上的困擾與矛盾。

伍爾斐認為政治社會化的三個轉變的過程：從個人的到非個人的、從權威到合法化，以及從零星的到系統化的政治信仰的轉變，都是把政治化的人教導為去政治化的人，而引發了人格的分裂❽。因此他說：「晚期資本主義國家的兒童，在他們直接的道德理想，以及透過抽象與異化政治的概念來使他們去政治化的嘗試之間，被分裂開來了」（Wolfe 1977a: 300）。

此外，積極的國家之所以能夠存在就必須要有被動順從的公民，並且一個具有合法性的

國家之所以能夠存在就必須要有主動參與的公
民。因此，晚期資本主義國家由於同時扮演了
累積及合法化的功能，其公民就必須同時是主
動的及被動的（Wolfe 1977a:302）。在此社會
中，公民通常被慫恿參與一個政治過程，然而
此政治過程卻是儀式性的，和人眞實的需要相
異離的。公民逐漸認知到選舉並無法改變些什
麼，因而產生一種聽之任之的態度，不投票、
隨意的投票、失去活力的競選活動，都成了發
達資本主義社會政治的主要特徵（ibid）。公民
也許有許多參與的機會，但卻很少樂在其中，
國家動員人民的能力便受到阻礙，進而引發國
家合法化的問題。

（三）中介機制的失靈

　　伍爾斐認爲，二十世紀的政黨經驗是一部
去政治化的歷史。資產階級發現經濟領域的競
爭是無法忍受的，政治領域的競爭亦是如此，
因而對之抱持著蔑視的態度。政黨體系政治化
特徵的消失，是因爲資產階級菁英發現它不再

對他們有利（Wolfe 1977a:306）。政黨失去其
動員的功能以及意識形態的特徵，成爲利益的
掮客，因而失去了其對選民的掌握。政黨的去
政治化亦包含了本身的矛盾，它需要在批判者
及當權者之間不斷地轉換角色。爲了要獲得國
家的權力，它就必須要激發人民的某些期望；
但爲了要保有國家的權力，這些期望就必須被
打壓（Wolfe 1976b:755）。在大部分的情況
中，資產階級政黨對此矛盾的反應，就是打壓
人民的期待，盡其所能地防止政治化的發生，
政黨成爲消除人民參與的機構（Wolfe
1977a:307）。然而，當政黨拋棄其中介的角色
而更親近國家時，它們必然會無法關注於人民
的感受，因而只能致力於某些儀式性的行爲來
包裝自己（Wolfe 1976b:756）。並且政黨不再
做爲表達階級衝突的工具，而是政黨本身就成
爲衝突的場所。因此，伍爾斐指出：

> 由於它們必須去政治化而爲國家服務，又
> 要動員以保持其合法性，政黨，就像公民

一樣，有了精神分裂的特徵（Wolfe 1977a:308）。

此外，利益團體這類的中介機制亦有去政治化的功能，透過使人民參與利益團體的事務而使他們不參與更大的社會集體政治生活。並且透過利益團體領導人之間的私下磋商，而消除社會階級的衝突。然而這種既燃起其成員的希望，又透過行政的和解來澆熄這些希望的做法，不但會使利益團體和其成員分離，並且會導致合法性的衰退（Wolfe 1977a:310）。

伍爾斐認為，中介機制的失靈會導致合法化功能的國家化以及異化政治的加劇，進而更會造成了一種動機的危機，也就是對政治生活的意義和目的產生極大的困惑。合法化功能的國家化成為私人生活政治化的原因，個人的事務逐漸成為國家干預的對象。同時，異化政治則使政治生活失去了共同體的意義與目的。因此他指出：

私人生活被吸收到國家之中，以及公共生

活的失敗，在資本主義中，個人自由與集
體目標都無法受到滿足（Wolfe 1977a:
313）。

（四）政治菁英的理想化

伍爾斐認為，晚期資本主義的政治過程受
到政治化與去政治化的矛盾所左右，因此出現
在政治化過程中的政治菁英勢必無法擺脫矛
盾。晚期資本主義政治菁英的最大特徵就是他
們生活在矛盾中的能力，如果公民是精神分裂
的，則政治菁英必是所有人中最精神分裂的
（Wolfe 1977a:315）。政治菁英的矛盾主要是在
其意識形態角色與實用角色之間的矛盾上。在
意識形態角色上，政治菁英為了動員選民，使
人民甘願交出選票，樂於付出政治權力，因而
必須鼓動政治化與參與。在實用的角色上，政
治菁英為了追求彈性、效率以及權力的買賣交
易，就必須是沒有原則的、非意識形態的，而
要壓制選民的政治期望。因此，

政治人物陷入了與其選民關係的動員傾
向，以及與其同僚關係的去動員傾向之間
的矛盾，他必須同時激發並且打壓政治熱
情。經常以莫名其妙的言論、煽動性地操
縱象徵性議題、無意義地討論瑣事或者是
為宣傳而宣傳，來打壓政治，解決其內心
的矛盾（Wolfe 1977a:317）。

　　政治菁英的矛盾更體現在科技官僚的身
上。政治菁英不重視人類集體生活終極目標的
理想，而以實用主義的方式追求對權力的操
控，如此反而使他們理想主義化。他們追求的
理想不是正義、自由、平等這類的目標，而是
把權力本身當作意識形態來信仰。對科技官僚
而言，控制的技術遠比控制所為之目的更吸引
人，對人民的社會控制，追求和諧與統合，成
為其意識形態的理想。在他們身上，實用主義
與理想主義並存，把實用主義變成一種意識形
態，是一種「意識形態的非意識形態」
（ideological nonideology），追求權力的目的是

使權力得以完美地運作，因此「實用主義愈無情，則對於秩序與控制的渴望就愈理想化」（Wolfe 1977a:320）。

四、未來可能的發展

晚期資本主義國家所面臨的困境最主要仍是來自於自由主義與民主固有的緊張關係，透過國家的物化以及政治過程中的去政治化都無法解決問題，反而造成國家嚴重的癱瘓。伍爾斐認為造成資本主義國家日益無能的根本原因，是來自於人民對民主的期望所產生的壓力。晚期資本主義面臨了合法化的危機，如何在僅有的一點合法性之下繼續殘存，是當今資本主義國家重要的課題，伍爾斐認為可能會有幾種發展的可能：

（一）重新私有化

　　由於國家物化無法解決矛盾，反而使國家更加無能，因而產生了一種可以稱爲「無奈的政治理論」（political theory of resignature）（Wolfe 1977a:285）。伍爾斐指出：

> 由於布爾喬亞意識形態缺乏原則的特徵，那些曾經鼓吹國家行動的人開始轉而懷疑他們先前的觀點。國家的物化轉變成它的對立面，公眾哲學家開始懷疑政府的權力（ibid）。

　　無奈的政治理論認爲，國家不但無法解決資本主義社會的種種困境，國家的介入反而會增加問題的嚴重性。因此他們便鼓吹重新私有化，要求減少政府對經濟及社會領域的干預。國家必須減少累積與合法性的功能，以恢復有利資本主義發展的自由市場。因此，「恢復市場機制」便成爲近年來最常出現的口號。

　　這種重新私有化的行動所引發的潛在危險

性是十分巨大的，雖然人民也許會在問卷調查
中譴責政府的龐大，然而政府的種種福利功能
卻深深地影響了人民。伍爾斐認為下列三段論
證是無法改變的：福利的支出是民主的；某些
人想要刪除或減少福利支出；這些人是不民主
的。換言之，對政府福利支出的批判就是對民
主的平等面向的批判，「對政府的攻擊變成赤
裸裸地攻擊民主本身」（Wolfe 1977a:331）。刪
減福利支出雖可增加政府的彈性，但卻會以犧
牲長期的合法性做為代價。

（二）威權化

　　第二種可能的發展則是為了直接克服民主
對資本主義阻礙，因此不是要求政府減少干
預，而是要求政府干預改變方向。透過政府的
行動來增加人民的被動性，減少人民直接參與
的機會，防止純正民主的運行。墨斐及伍爾斐
指出：

　　資本主義社會掮客式磋商的領域便窄了⋯

…結果造成被動性的增加，如果必要的話
會透過武力，以及間接的力量：以景氣低
落會造成失業來脅迫[人民]（Murphy &
Wolfe, 1979:16）。

　　伍爾斐認為這種擴大政府權力的威權化傾
向，最可能的形式是一種稱為「新組合主義」
（neocorporatism）的方式。主要的特徵包括：
壟斷集團宰制經濟，它們有私人投資的決定
權；它們和國家計畫機關密切配合，國家機關
幫助它們進行投資的決策；和可靠的工會代表
密切配合，以使工人接受其工資；控制工資和
價格以抑止通貨膨脹；限制集會與言論的自
由，以防止對此體系的破壞行動；同理，亦持
續某些社會福利計畫；普遍的去政治化成為社
會與政治生活的主題；跨國的政治單位，將組
合主義的架構擴展到所有資本主義國家中
（Wolfe 1977a:338）。這種新組合主義的形式，
雖然會採納某些來自左派的計畫提案，但卻是
將之納入威權主義的方向之中，因此會嚴重損

害民主的價值。人民對民主的期望仍未被滿
足，合法化危機依舊存在。

（三）民主化

伍爾斐認為資本主義社會的未來仍會受階
級鬥爭所左右，所有可能的未來是由人們自己
所決定，既是由一般人民生產它們認為最合適
的政治所決定，亦是由菁英排除難以解決的矛
盾繼續統治所決定（Wolfe 1977a:341）。來自
人民的民主壓力對於此鬥爭有著決定性的影
響，所有矛盾與緊張之源是來自於人民的民主
夢，「民主之夢來而復去……但是，即使它們
暫時被壓抑，卻不能小看它們的存在」
（ibid）。

民主壓力的主要目的就是要對抗統治階級
的宰制，包括三個方向。第一，擴大政府的服
務：在短期的目標上，要求政府增加社會福利
的計畫，政府福利支出的增加代表了其累積功
能的減少，限制了統治階級的行動與選擇
（Wolfe 1977a:343）。第二，減少異化政治的比

例：聚積人民所生產的社會權力，進行「公民
的罷工」(citizens' strike)，拒絕參與以晚期
資本主義政治爲名的各種儀式。此外，把這些
囤積的權力運用到他們自己決定的行動之上，
重新政治化，和那些以人民分享社會權力爲目
的的組織化政治運動結合 (Wolfe 1977a:344-
345)。第三，建設性地思考以民主來取代資本
主義生產模式的方法：消除累積與合法化矛盾
的方法就是把民主的原則應用到累積的過程
中，給予人民參與投資之權，並且以更直接的
政治決定來從事分配 (Wolfe 1977a:346)。也
就是說，不僅把民主的邏輯應用在公共的世界
(public world)，更要把它應用到私人的世界
(private world)，如此才能解決這兩個功能之
間固有的緊張關係 (Wolfe 1975b:562)。

五、小結

　　本章探討了戰後資本主義國家最主要的一種再生產模式：妥協。在伍爾斐的心目中，這種妥協對資本家及勞工各有其好處與壞處。對資本家而言，妥協代表了某些讓步，以及對其特權的限制，然而卻可以換取對工人階級的容易管理。對工人階級而言，妥協可以帶給他們某些物質生活上的改善，但卻必須換取對現存秩序的忠誠。而不論是勞方對於社會平等的要求，或是資方對資本累積的需求，都會逐漸訴諸於國家的行動來解決他們的問題。因此國家作為勞方與資方之間的中介者，會發展出種種妥協的作法，企圖使勞資雙方都感到滿意，並且進而使國家的權力逐漸擴大。

　　然而伍爾斐身為一個新馬克思主義者，對此種妥協深感不滿。在現實上，他認為，不論

是歐洲或美國所發展出來的妥協模式，都並未
真正解決問題。一旦滿足這些妥協模式的特殊
條件消失後，矛盾還是會再度爆發。在道德理
想上，他認為，工人階級接受了這種妥協，就
等於是被資本家所收買，而沈溺於當下的物質
好處，放棄了對未來人類理想共同體的終極目
標的追求。總而言之，伍爾斐是一個具有理想
色彩的人，在他的心目中，未來的大同世界，
絕對不是現在這種接受現狀的妥協就可以達成
的。

註釋

❶本篇文章的作者包括：Jens Christiansen, Margaret Fay, David Gold, James Hawley, Michael Kimmel, Clarence Lo, John Mollenkopf, Patricia Morgan, James O'Connor, Patrick O'Donnell, Kay Trimberger 以及伍爾斐。

❷正如歐康納所發現的，經濟成長所產生的剩餘傾向於被壟斷產業中的資本家與勞工獨佔，透過這些剩餘所產生的高薪資，反而會使組織化工人反對將成長的剩餘（稅），挪用於社會福利計畫（Barrow 1993:107）。

❸伍爾斐等人在此所指的工人階級政黨，並不意味著它是一個必定代表工人階級客觀利益的政黨，而是指它的歷史根源乃是對於普勞階級的一個政治回應。類似地，資產階級政黨則是起源於布爾喬亞企圖取得與維持國家權力，而對付前資本主義（pre-capitalist）統治階級所做的政治嘗試（Bay Area Kapitalistate Group 1977a:21）。

❹國家物化一般有三種形式：擬人化（personification）、客體化（objectfication），以及史詩化（epicization）。擬人化代表了一種權力關係的顛倒，國家被視為是一個人，擁有言論自由、生產重大利益等等人類的權利，而人民所擁有的任何屬於人類的權利，都是國家所賦予的，因此人民成為國家的工具（Wolfe 1977a:281）。客體化的產生則是擬人化相反，是指國家被指派了一個使國家成為一個具體事物的特徵，成

爲對抗人民意志的工具。科技官僚統治（technocracy）
對國家的客體化有相當大的貢獻，他們把國家視爲一
個機器，而自己就是專門、客觀的技術人員，可以維
修這個國家機器使其順利運轉（Wolfe 1977a:281-
282）。史詩化則是把政治人物當作公共英雄、史詩面
向的英雄。公僕的概念完全顛倒過來，擁有政治權力
者成爲主人，而一般的人民則是僕人（Wolfe
1977a:282）。

❺所謂軍事的凱因斯主義，指的乃是一種企圖將凱因斯
主義中所強調的公部門擴張，轉變成透過軍事部門的
擴張來刺激經濟成長，並且藉此提供人民就業的機
會。詳見本書184-188頁。

❻這些原因包括：(1)第三世界國家擁有極大的天然資
源；(2)它們在地理位置上，具有重要的戰略地位；(3)
它們的人口眾多，可以購買美國的產品；(4)對第三世
界的援助，可以贏得它們對美國的尊敬，並且阻斷蘇
聯的影響力（Wolfe 1981a:172）。

❼伍爾斐此處的觀點似乎受到哈伯瑪斯很大的影響，哈
伯瑪斯指出：「由於階級妥協被當作再生產的基礎，
國家機器就必須在有限制的條件下完成它在經濟系統
中的任務，亦即必須同時在形式上的民主以及和統治
的普遍主義價值體系一致的框架內，確保群眾的忠
誠。這些合法化的壓力只能透過一個去政治化的公共
領域的結構才能緩和」（Habermas 1975:58）。

❽關於這三個過程的詳細內容，請參見Wolfe 1977a:296-
301。

第七章
結　論

一、伍爾斐理論的貢獻

關於伍爾斐對新馬克思主義國家理論的貢獻，筆者認為主要有下列數點：

第一，正統馬克思主義的國家觀，將布爾喬亞國家視為統治階級的工具，因而列寧等人認為，社會主義的革命只要透過暴力的手段將這個國家機器奪取過來便可。然而社會主義在蘇聯的實踐，不僅沒有使國家這個鎮壓機器消亡，反而導致了一個更具鎮壓性的社會主義國家。伍爾斐就像他許多西方馬克思主義者的前輩一樣，看到蘇聯等國的倒行逆施，而希望恢復一個哲學的、人本的馬克思主義國家理論，來取代科學的、工具論的馬克思主義國家理論。

第二，關於社會主義革命為何並未如馬克思所預言的在資本主義發達的地區產生，一直

是許多馬克思主義者所欲解決的一個重要問
題。在這個問題上，伍爾斐受到葛蘭西很大的
影響，認為是統治階級的意識形態霸權發揮了
很大的作用。伍爾斐透過對自由民主這個意識
形態的分析，發現自由民主不單單只是統治階
級用以維持特權的巧妙策略，更是代表了下層
人民從事民主鬥爭所得到的成果。這樣的看法
對於以往只是將革命不發生的原因，歸咎於資
產階級從上到下的意識形態鎮壓的觀點做了一
個修正。伍爾斐提出了一個動態的、鬥爭的，
以及辯證發展的觀點，來檢視自由民主這個意
識形態霸權。

　　第三，透過權力結構的分析，伍爾斐闡述
了資本主義社會中不平等的權力結構，以及不
平等的起源。在這種權力結構的分析上，伍爾
斐對於工具論的看法做出了修正，他認為雖然
國家會受制於資產階級，但在階級鬥爭之下，
國家會出現自主性。他雖承認資產階級佔有極
大的優勢地位，但他們對社會最大的影響力，
卻是在於他們建立了一個意識形態霸權，以及

為此霸權所服務的資本主義結構。

第四，伍爾斐採納了哈伯瑪斯、歐斐以及歐康納等人的研究成果，認為國家必須滿足資本累積，以及民主的合法化這兩個矛盾的功能。伍爾斐提出了自由主義與民主的意識形態矛盾，將歐斐及歐康納原本強調經濟與物質利益的面向，擴展到了更廣泛的物質基礎與意識形態之間的關係上，而對兩人的理論作了一個重要的補充。

第五，伍爾斐透過辯證法對西方資本主義國家進行了一個歷史的研究，而指出了資本主義國家會隨著累積與合法化、自由主義與民主之間的矛盾鬥爭，產生各種不同的形式。這對於以往的國家理論，只專注於特定時間下的國家形式，很少論及國家在歷史時空脈絡下如何演進與發展，做了一個重要的修正。

第六，伍爾斐對於國家鎮壓功能的研究，雖然是建立在葛蘭西與阿圖舍的理論基礎之上，但兩人的鎮壓理論都比較屬於純粹理論上的概念推演，而缺乏戰後歷史發展的經驗證據。伍爾斐則透過許多經驗證據的輔助,而將兩人的理論發展成一個更系統化的、更符合於當代發達工業社會現況的鎮壓理論。

第七,伍爾斐對於國家妥協的研究,亦修正了以往關於資產階級與勞工階級之間的鬥爭是無法化約的看法。透過國家居中協調而產生的妥協,使階級鬥爭的雙方都各讓一步,是戰後資本主義國家的主要模式。伍爾斐對妥協的研究,不僅指出了此種妥協最主要的根源是什麼,亦指出了此種妥協所面臨的內在矛盾是什麼。他更透過哈伯瑪斯的理論,對於此種妥協所造成的政治生活的困境做了批判,這有助於使我們更加深刻地了解自己作為當代社會成員所面臨的困境。

二、對伍爾斐理論的批判

首先,在伍爾斐的理論中,太過於強調資

產階級的階級意識或文化霸權，對於國家或社會的宰制作用。伍爾斐甚至認為，統治階級之所以是統治階級，乃是因為他們建構了一個意識形態的霸權，使被統治者接受他們的價值觀，而使整個社會的運作都符合於這個資本主義的基本共識之中。然而，誠如布洛克所指出的，資產階級的成員到底有沒有階級意識其實是很有問題的。布洛克認為資產階級的成員通常都是短視近利的，他們關心的只是社會是否安定、工人階級有沒有受到控制、稅率高不高、經濟會不會成長等等影響他們投資利潤的因素，而不是一種集體的、長期的世界觀（Block 1987:59）❶。

　　雖然吾人可以將伍爾斐與布洛克關於階級意識的這個爭議，歸因於兩人的基本哲學觀念的不同。並且，在伍爾斐的理論中，吾人也看到了他企圖調和黑格爾式的馬克思主義與結構論之間的差異，而將自由民主的意識形態的要素，加進了累積與合法化的結構之中。此外，正如卡諾依所指出的，布洛克也沒有證明資產

階級的成員並沒有階級意識，或者是替政府效
力的那些人放棄了其所屬階級的經濟利益，而
成為國家集體利益的管理者（Carnoy
1984:221）。然而，吾人認為伍爾斐對於上層
建築與下層建築之間的關係卻並未交代清楚。
他並沒有仔細地說明，資產階級的意識形態霸
權如何形成一個具體的機制來影響國家的作
為，或者是下層建築的物質鬥爭如何影響上層
建築的霸權。雖然伍爾斐強調透過辯證法來做
研究，但是他對於意識與結構之間的辯證關係
似乎並沒有特別的說明，而容易讓人覺得只是
純粹觀念之間的辯證發展。

　　其次，在伍爾斐等人關於累積與合法化的
架構中，國家制度的形式是透過民主與代議政
府的規則來決定的，但國家權力的物質內容則
是由累積過程的不斷需求所決定的。這必定意
味著國家政策的資產階級內容是真實的，而其
民主的形式則是虛幻的（Barrow 1993:118）。
伍爾斐特別強調，這種虛幻的民主形式乃是一
種資產階級的意識形態霸權，將國家的合法化

視爲人民接受現存經濟秩序的意識形態過程
（Bay Area Kapitalistate Group 1978:119）。對伍
爾斐而言，一個政權能否維繫，端視這個政權
能否透過意識形態的霸權，而取得人民的規範
性忠誠。因此，人民所從事的鬥爭、對國家施
加的壓力，背後的基礎乃是人民追求社會平等
與正義的民主之夢，會看穿了資產階級霸權的
虛僞性。而國家爲了維持其政權的合法性，就
必須屈服於這些民主的壓力之下。

　　然而史寇珀卻指出，這種共識論或意志論
無法解釋像某些實行高壓統治而不得人心的政
權，爲何仍然能夠長期維持不墜（Skocpol
1981:16）。也就是說，人民對於政權的規範性
忠誠，是不是政權維繫的必要條件是很有疑問
的，在經驗的研究上是可以找出許多例外證據
的。並且所謂來自下層人民的民主壓力，也是
概念不清的。人民對於國家與資本家施加壓力
所從事的種種鬥爭，是爲了一個集體的、長期
的民主理想，還是只是爲了自身狹隘的物質利
益，而和國家與資方討價還價，伍爾斐似乎沒

有清楚地區分。也就是說，在伍爾斐的理論中賦予人民的民主鬥爭一個很大的角色，然而他卻沒有詳細說明人民的鬥爭如何進行，透過什麼樣的機制來限制國家的行動，以及這種鬥爭的性質是什麼。

伍爾斐在1985年發表了一篇批評當今左派策略的文章中亦承認，左派當今的困境乃是因為它只關心工人階級自身的利益（如：就業、收入的增加），而工人階級並未如馬克思所預言的成為一個普遍的階級。因此，今日左派的種種策略都變成了一種實用主義以及排他主義（particularism），而放棄了一種普遍主義（universalism）的理想（Wolfe 1985a:323-324）。

伍爾斐雖然承認了工人階級已不再是一個普遍的階級，但伍爾斐仍然十分強調建立一個具有普遍性的人類理想共同體。然而吾人必須指出，這種普遍性到底有沒有可能？如果可能的話，要如何達成？這種普遍性是一種現實利益的普遍平等分配，還是一種理念上的烏托

邦，根本與現實無關？吾人認為，伍爾斐雖然
強調要以累積的民主化，來解決普遍利益與特
殊利益的矛盾，但是對於如何實行的具體步驟
卻並未說明，因此似乎只是一種概念上的想
像。伍爾斐雖然希望工人運動不要只關心自己
狹隘的利益，而應該結合婦女運動、種族運
動、環保運動等，而發起一個更普遍的政治動
員（Wolfe 1985a:326）。吾人卻認為，這些人
民的團體本身就具有不同的目標與利益，要讓
他們為了一個全體人類共同體的目標而結合是
十分困難的，通常他們的結合只是為了各自利
益的策略上的同盟，並不是為了一個更長遠的
意識形態理想。伍爾斐雖然強調一種普遍性，
但對於此種普遍性如何涵蓋特殊性，而又不致
消除特殊性的辯證過程並未說明，因而使吾人
以為此種普遍性似乎只是一種理念上的烏托
邦，只能透過意識形態來證成，而無法落實在
實踐上。總而言之，透過意識形態上層建築來
解釋國家是伍爾斐國家理論的優點，他使我們
看到了純粹物質利益方面所解釋不到的地方，

但這也是伍爾斐的致命傷，因為他根本就沒有
發展一套關於意識與物質之間關係的理論，而
容易招致主觀唯心論的批判。

再者，伍爾斐等人關於國家累積與合法化
功能之間產生衝突的論證，似乎是一種套套邏
輯，一種事後的評價。因為這種功能論的解
釋，乃是把特殊行動的結果，當作是行動的原
因。國家的任何行動都可以被解釋為是具有功
能上的必要性的，但它卻無法解釋國家為什麼
一定要滿足這些功能（Dunleavy & O'leary
1994:277, 283）。此外，誠如布洛克所指出
的，這種合法化干預了累積的邏輯的觀點，乃
是建立在經濟是自主的，並且有單一的邏輯的
這個前提之上的（Block 1987:173）。然而布洛
克卻認為，經濟絕對不是自主的，且經濟的邏
輯也絕對不是單一的❷。若僅僅將合理化視為
累積的相反之物，而干涉了累積的邏輯，則會
低估了國家合理化資本主義經濟的能力，並且
會忽略了社會福利政策對經濟效率的貢獻。因
此，若接受了合法化限制了累積的邏輯的看

法，則左派在面對雷根這種新保守主義的攻擊
時，將是無能爲力的。因爲左派自己就同意那
些社會福利的改革干預了市場的邏輯，而會導
致成長遲緩、通貨膨脹、失業等等後果，而人
民當然也就會以理性的行爲來支持右派對改革
的攻擊（Block 1987:184-185）。

　　此外，伍爾斐的國家理論似乎是史寇珀所
批評的一種建立在社會中心設準（society-
centered assumptions）上的理論（Skocpol
1985:5；洪鎌德1995：199-200）。她認爲新馬
的國家理論都有一個共同的傾向，就是認爲國
家政策只是簡單地反映了一個先前存在的階級
間、與階級內的社會權力的平衡，而這些平衡
是由國家之外的階級鬥爭所形成的（Barrow
1993:126）。也就是說，像伍爾斐這種將國家
視爲階級鬥爭的競技場的看法，並沒有把國家
本身當成一個獨立自主的行爲者（actor）來看
待，而忽略了「在特定情況下，國家組織與菁
英可能會做出違背宰制階級長期經濟利益的行
動，或者是創造出一個新的生產模式的可能

性」(Skocpol 1981:28)。史寇珀強調,不能僅僅把國家理解為解決社會經濟鬥爭的舞台,而應該把國家當成是以行政權威為首,並由此行政權威在某種程度上妥善協調的一組行政、治安與軍事的組織。國家是控制(或企圖控制)領土和居民的實際組織,有自己的利益與任務(對內維持秩序,對外和其他的國家競爭),而不是分析層面上抽象想像的產物,或者是政治層面上特殊階級間的關係與鬥爭(Skocpol 1981:29-32)。

　再來則是關於方法論上的問題,由於伍爾斐的研究是以美國為主,而被批評為太草率地將美國的經驗普遍化於所有發達資本主義國家(Bay Area Kapitalistate Group 1978:117)。特別是他所提出的六種國家的理念類型,並無法涵蓋各個資本主義國家的不同發展。而這也是史寇珀認為新馬克思主義國家理論關於方法論上的一個缺點。她認為新馬的理論家太常把同一生產方式、資本累積的同一時期,或世界資本主義體系上同一位置的所有國家之特徵與功能加以概括化、抽象化。結果無法把國與國之間結構與活動的變化、差異，加以明辨、比較，從而削弱了新馬克思主義國家學說的理論價值與實用功能（Skocpol 1985:5；洪鎌德1995：200）。

此外，伍爾斐對這六種國家的歸類對象是不清楚的，和諧國家根本就只是一個意識形態，但累積國家、特許國家以及二元國家卻又是明確的國家形式，而不只是意識形態。還有，伍爾斐對於歷史發展的原動力亦並未說明清楚，而容易使人認為是觀念的內在衝突，而不是真實的階級鬥爭，才是歷史發展的原動力（Bay Area Kapitalistate Group 1978:122）。並且，這種認為資本主義的發展是按照一個特定模式而前進的看法，似乎是一種歷史趨勢主義（historicism）❸的意識形態，而變成了伍爾斐一向大力反對的一種宿命論。總而言之，伍爾斐似乎企圖將意識形態的成分引入歷史發展的結構之中，然而關於自由意志與決定論之間的矛盾，卻是伍爾斐所無法解決的。

最後，則是有關所謂後工業社會
（postindustrial society）的問題。由於伍爾斐的
國家理論是以1970年代的西方社會為研究背
景，並且他採納了曼德爾（Ernest Mandel）的
看法，認為當代社會並不是一個後工業的社
會，而只是代表了在資本主義的歷史中，工業
生產❹首度擴大到了經濟的每個部門中。他認
為自動化的增加，使得私人資本投資從勞力密
集轉變成資本密集的產業，減少了對生產性勞
工的需求，進而限制了工人階級擴大薪資的能
力。另方面，工人階級卻又持續要求擴大薪
資，因而會產生一個結構性的危機（Wolfe
1977a:251）。然而從西方國家1980年代到1990
年代的發展來看，這種結構性的危機似乎並未
發生。特別是資訊以及高科技產業的發展，為
資本主義社會帶來了另一波新的經濟成長。第
三級產業的興起，使得傳統工人階級不再成為
多數，更使他們組織與行動抗爭的能力大大下
降。國家的福利功能持續發揮作用，以及階級
鬥爭被納入了憲政體制下的政黨競爭，國家管

理階級衝突的能力似乎是可能的。此外，社會的衝突也不再只是階級間的衝突，而是包含了種族、性別、年齡、地域等等不同成分互相交織的衝突。因此，伍爾斐早期的國家理論在面對1980年代，以至於1990年代甚至邁向二十一世紀的現代西方資本主義社會時，其理論的解釋力似乎已有不足之處。

三、伍爾斐理論的轉變

伍爾斐的理論在1980年代末期有了重大的改變，不僅在政治立場上不再激進，在研究主題上也轉向社會學。筆者認為伍爾斐的理論之所以會有如此重大的改變，主要可能有下列原因：

第一，伍爾斐在1980年代中期兩度到丹麥訪問研究，對於福利國家在北歐的實踐有了更深一層的認識。他認為北歐社會顯示了一種透過行政與立法的方法來對抗社會不平等的「政治的可能性」(possibility of politics)，並且也已經成功地為其公民創造出某些接近於「良善生活」(good life) 的東西 (Wolfe 1989a: 130)。也就是說，伍爾斐已經開始相信以往他所強調的累積與合法化的矛盾，在北歐這種福利國家中是可以得到良好的解決的。

　　第二，伍爾斐認為雖然北歐的福利國家並未遭遇到嚴重的經濟或合法化危機，但它和美國一樣都面臨了一個更加根本的問題，也就是道德義務的問題 (Wolfe 1989a:152)。這個問題的起源乃是由於社會的現代化，而使道德義務的範圍與特性都改變了。人們不僅對於道德法則是什麼感到困惑，更不知道要到何處尋找道德法則的來源。宗教、哲學、文學以及政治權威，都不再能夠作為引領人們對待彼此的道德依據。取而代之的則是社會科學，特別是經濟學、政治學以及社會學，以及與這三種學科相應的三個道德實踐的領域：市場、國家以及市民社會 (Wolfe 1989a:3-7)。

　　第三，伍爾斐認為當代道德的危機，乃是歸因於市場與國家作為一個道德義務的代理人（agent），對於市民社會的道德規約的入侵。在學術上，就是經濟學與政治學對社會學的入侵，而使社會學成為在別種名義之下的政治經濟學（Wolfe 1989a:206）。因此，他認為要解決現代性所造成的道德困境，就必須恢復以市民社會作為道德義務的代理人，以及道德規約中的社會學途徑（Wolfe 1989a:13-19）。也就是說，社會學的研究主題必須以市民社會為主，透過道德規約的社會學途徑可以補充市場與國家之不足。因為市場與國家的道德律（moral codes）都只是將道德義務定位為規則，而人類的行為者只是這些規則的遵從者。但在道德規約的社會學途徑中，人類不僅是規則的遵從者，更是規則的創造者，並且人類是透過和其他人之間的互動來建構自己的道德法則，而人類也有能力和其他人合作來改變這些法則（Wolfe 1989a:229）。

　　總之，筆者認為伍爾斐理論的轉變並不是

和早期的理論完全決裂，而是將早期理論中關
於上層建築的合法化與動機的危機，發展成更
廣泛的價值體系、道德義務的危機。並且從早
期所謂社會中心設準的國家理論，轉變成強調
透過社會學的復興，來為現代性的道德複雜性
（moral complexity of modernity）提供一個思考
人類如何對待其他人的義務的不同方向（Wolfe
1989a:190）。並且對伍爾斐而言，這種社會學
的復興乃是要恢復一種人本主義導向的哲學人
類學，把人當作是人類（human beings）來對
待，而處理和人有關的意義（meaning）、道德
（morality）與目的（purpose）等等主題（Wolfe
1993a:177-178）。這種人本主義的關懷、人道主
義的精神，是伍爾斐一貫不變的信念。

四、反思與前瞻

　　雖然伍爾斐的理論是以西方資本主義社會

為研究對象，將伍爾斐的理論拿來檢視台灣當
今的社會是不恰當的。然而筆者卻認為，伍爾
斐的理論之中，還是有某些洞察足以讓我們反
思台灣社會目前的處境。

　　特別是在台灣威權轉型之後，政治的民主
化隨著種種制度的建立而逐漸穩固。但在經濟
的逐漸自由化之後，社會貧富的差距亦逐漸擴
大。然而由於台灣內部族群、國家認同問題仍
未完全解決，對外又面臨中國的武力威脅，使
得社會正義與經濟平等的議題一直被潛藏於族
群與國家認同議題之下。在台灣的主要政黨之
中，幾乎都是以族群與國家認同問題為主要施
力點，而只是將社會正義問題當作是次要的議
題來處理。然而吾人卻認為，社會正義與平等
的問題必定會是台灣社會未來的一顆不定時炸
彈，如果現在不正視此一問題的話，必定會有
爆發的一天。

　　根據王振寰的看法，國民黨在1990年5月
重組之後，形成了新的威權統治，並與台灣的
資產階級形成了新的聯盟。在形式上國家機器

愈來愈具有民主政治的外表，但實質上卻不斷
打壓反對黨與社會運動的空間。資產階級的聲
音愈來愈能夠影響國家的決策，而其他的階級
則逐漸遭到排斥。資產階級愈來愈能夠得到政
治的後盾，而更能夠操作市場與民意政治，使
得台灣的民主政治成為金權政治，社會貧富差
距更逐漸擴大（王振寰1993：93-94）。過去在
國民黨執政的時代，雖然它維持著相當的自主
性，但卻積極地與大財團合作，而逐漸成為一
個不折不扣的資產階級政黨。並且國民黨由於
擁有龐大的黨營事業，因此本身就是台灣最大
的一個財團。

此外，過去國民黨政府所採行的策略，似
乎很像伍爾斐所謂的成長的妥協，希望透過成
長的剩餘，來安撫人民對於經濟所得差距日益
擴大的不滿。國民黨一方面與資本家關係良
好，推動許多刺激經濟成長的政策，甚至在資
本家出現危機時，透過政府或國民黨的黨營企
業來解救之：另方面也開始推動全民健保、失
業保險等福利的政策。然而這些政策不但開始

造成政府財政的負擔，更揚起了人民對政府的希望與失望。例如過去的一千五百億首次購屋貸款，就是利用納稅人所繳的稅，來解救那些投機的不良建商。雖然表面上透過政府的貸款來讓人民可以比較輕鬆地買到房子，而安撫人民對於政府資助資本家的不滿。但實質上這些政府的經費卻是由人民繳納的稅來支付，等於是透過政府之手將人民的血汗錢納入資本家的口袋中，這無異是一種劫貧濟富的作法。樂透彩券的發行，政府部門的說法竟然是因為害怕社會福利的經費拖垮國家的財政，所以要利用樂透彩券所賺取的盈餘，來支付社會福利的經費。吾人認為這種作法無異是一種劫貧濟貧的作法，因為大部分會買彩券的人，都是經濟較為困頓而希望幸運之神眷顧的人。因此，這種作法對於消除社會財富不平等的問題，並無實質上的幫助，而只是一種使人民產生政府也有在幫助他們的一種象徵性的作用。

最後，則是關於民進黨的矛盾角色問題。在台灣的政黨光譜中，民進黨一向是屬於較激

進、較民主的政黨，其基本的支持群眾也以社
會的中下階層或弱勢團體為主。過去民進黨在
野時代經過數度轉型之後，致力於培養執政能
力，並且破除其在資本家心目中的反商印象，
因此其福利國家的訴求，已逐漸失去著力點。
在民進黨上台執政後，雖然努力標榜所謂「新
中間路線」，但在全球經濟不景氣，以及台灣
資本家紛紛外移大陸，或者威脅出走的情況
下，民進黨政府對於資本家的要求似乎更加聽
話。在社會福利或者是核四等等重大議題上，
幾乎無一不是由資方取得優勢。民進黨所處的
尷尬位置，似乎很像伍爾斐所分析的美國民主
黨之處境。一方面必須比國民黨更加討好資本
家，以防止資方的投資罷工或出走；另方面希
望透過種種措施刺激經濟成長，以滿足一般民
眾對社會正義的需求。然而在一個經濟已經不
再成長的年代，此種做法只會同時招來兩方的
不滿，而陷入一個無法自拔的困境中。在民進
黨走進體制之內，並且逐漸失去了其激進與民
主的理想之後，台灣的政治似乎亦逐漸走向伍

爾斐所謂的去政治化。社會運動逐漸失去活力，人民對政府的不滿逐漸增加，但卻又感覺到自己無法改變什麼，政治的參與逐漸變成了四年一次大拜拜的儀式性象徵，永遠無法撼動社會權力的實質不平等結構。

台灣的未來，應該是由台灣全體人民共同決定。但台灣的未來，絕對不是只有國家認同的問題。如何在這個美麗的寶島之上，建立一個人民充分參與決定自己命運，並且符合公平正義理想的和樂共同體，實是吾輩所應認真思考之問題。總之，伍爾斐的現代資本主義國家理論，正提供了一個關於台灣未來應該往何處去的反思。本書旨在把此一國家理論介紹給本國學人，並試圖予以中肯之評價，以期對吾國新馬國家理論之研究能有棉薄的助益，並提供吾國人民思考台灣未來走向時的一個不同的觀點。

註釋

❶布洛克認爲,即使沒有統治階級的階級意識,國家還是會被強烈地阻止追求反資本主義的政策。因爲資本主義的合理化,是資產階級、國家機器的管理者,以及勞工階級這三個行爲者之間鬥爭的產物(Block 1987:52)。在布洛克的架構中,階級意識或文化霸權只是資本家追求其短期利益,而用來影響國家決策的各種次要的結構機制(subsidiary structural mechanisms)的其中一種。即使這些次要機制不存在,國家仍會替資本家服務。這是因爲國家管理者有其本身的利益,他們的權力來源必須依靠經濟活動的持續發展,因爲若企業信心(business confidence)下降,則資本家會選擇出走或不投資,如此會影響到國家的稅收來源,並且會造成人民支持度的下降。這才是布洛克心目中,限制了國家自主性的主要結構機制(major structural mechanisms)。布洛克認爲,這種限制了國家行動的企業信心,和統治階級的階級意識是不同的,企業信心的基礎乃是那些擔心利潤的個別資本家狹隘的自我利益(Block 1987:56-59)。

❷布洛克卻認爲,經濟不是具有自主性的實體,而是深深地受到國家行動的制約,因爲經濟行爲者的行動,很難整合爲一個整體,因此只有透過國家的行動才能確保一個合理的結果。是故,經濟的危機或不作用,並不是由於對經濟邏輯的干預,因爲經濟邏輯本身從

　　來就沒有產生一個凝聚的功能性整體。此外，經濟的邏輯也不是單一的，資本主義活躍在許多不同的地方，如瑞典的社會民主、南韓的威權主義（Block 1987:173-176）。

❸這是柏波爾（Karl R. Popper, 1902-1995）對馬克思主義辯證唯物史觀的批評。所謂歷史趨勢主義（historicism，歷史投射論），就是對過去歷史的發展，找出其演變軌跡中的典例、類型、律則，而將它投射至未來，以為鑑往可以知今，過去的規律可以應用到未來的預測之上（洪鎌德1997d：427）。

❹筆者以為，伍爾斐在此處使用工業生產（industrial production）這樣的字眼，主要是為了凸顯和後工業（post-industrial）這個詞的對比。申言之，他認為工業生產中由自動化的機器取代人力勞動來增加生產力的這個趨勢，不僅會發生在第二級產業的工業部門中，在第三級產業的服務部門中亦有可能發生。例如，台灣的銀行業為了減少用在雇員薪資上的成本，而企圖發展以一種無人的、自動化的網路銀行，來取代傳統的銀行服務業。隨著網際網路的發展，這樣的趨勢是否會造成結構性失業以及剩餘人口的增加，是值得吾人注意的。

參考書目

（一）伍爾斐本人之著作

Wolfe, Alan

1969   "Practicing the Pluralism We Preach", *Antioch Review*, 29(Fall):353-373.

1971a   "Unthinking about the Thinkable: Reflection on the Failure of the Caucus for a New Political Science", *Politics and Society*, 1(May):393-406.

1971b   "Political Repression and the Liberal Democratic State", *Monthly Review*, 23(December):18-39.

1971c   "Reform without Reform", *Social Policy*, 2(May-June):18-27.

1973a   *The Seamy Side of Democracy: Repression in America*, New York: David Makay Press.

1973b   "Waiting for Righty: A Critique of the 'Fascism' Hypothesis", *Review of Radical Economics*, 5(Fall):46-66.

1973c   "The Ideology of Counterrevolution", *The Nation*, (July 2):13-17.

1974a   "What Makes the System Perdure", *The Nation*,

(March 16):344-346.

1974b "New Directions in the Marxist Theory of Politics", *Politics and Society*, 4(Winter):131-160.

1974c "What Came of That Vision", *The Nation*, (October 26):406-408.

1975a "Exercise in Gentility: The Rockefeller Report on the CIA", *The Nation*, (August 16):108-112.

1975b "Capitalism Shows Its Face", *The Nation*, (November 29):557-563.

1975c "Emergence of the Dual State", *The Nation*, (March 29):363-369.

1976a "The Two Faces of Carter", *The Nation*, (December 18):648-652.

1976b "The Looming One-party System", *The Nation*, (June 19):752-756.

1977a *The Limits of Legitimacy: Political Contradiction of Contemporary Capitalism*, New York: Free Press.

1977b "Carter Plays with Fire", *The Nation*, (September 24):265-268.

1977c "Reflections on Carter's Smile", *The Nation*, (June 25):778-781.

1977d "The Trilateralist Straddle", *The Nation*, (December 31):712-715.

1978a "The Child and the State: A Second Glance",

Contemporary Crises, 2:407-435.

1978b ˝Has Social Democracy a Future˝, *Comparative Politics*, 11(October):100-125.

1978c ˝Carter Plays at Hawks and Doves˝, *The Nation*, (June 24):753-757.

1978d ˝The Stalemate in Scandinavia˝, *The Nation*, (October 21):398-401.

1978e ˝Carter's New Defense Budget˝, *The Nation*, (February 18):166-170.

1979a ˝The Costs of Delegitimation in Postwar America˝, in: Vidich, A. & R. Glassman (eds.), *Conflict and Control: Challenge to Legitimacy of Modern Governments*, Beverly Hills, L. A.: Sage Press, pp.99-132.

1979b ˝In Defense of the State˝, *Social Policy*, 10(1):16-18.

1979c ˝Toward a Citizens' Party˝, *Social Policy*, 10(3):29-31.

1979d ˝No Glicims for NATO˝, *The Nation*, (November 24):510-521.

1979e ˝SALT and the U.S.-Soviet Alliance˝, *The Nation*, (June 23):736-746.

1979f ˝The Cycles of Belligerency˝, *The Nation*, (February 3):104-107.

1980a ˝Left: Out of Step˝, *Social Policy*, 11(1):39-40.

1980b　"The Rise and Fall of Trilateralism", in: Sklar, Holly (eds.), *Trilateralism: the Trilateral Commission and Elite Planning for World Management*, Boston: South End Books.

1980c　"The ABM—The End of Deterrence", *The Nation*, (April 12):427-436.

1980d　"The 'China Card' —A Bad Deal", *The Nation*, (March 22):331-340.

1980e　"Carter's Afghan Security Blanket", *The Nation*, (February 2):108-110.

1980f　"The Many Doctrines of Carter", *The Nation*, (December 6):601-612.

1980g　"Defense Crisis at 'The Times'", *The Nation*, (November 15):503-506.

1980h　"Disengaging from Europe", *The Nation*, (August 16-23):148-150.

1981a　*America's Impasse: The Rise and Fall of the Politics of Growth*, Boston: South End Press.

1981b　"Sociology, Liberalism, and the Radical Right", *New Left Review*, 128(Jul-Aug):3-27.

1981c　"Beyond Reagan", *Working Papers for a New Society*, 8:6(Nov-Dec):38-41.

1981d　"Comes the Counter-revolution", *The Nation*, (January 31):105-116.

1981e　"Creationism's Second Coming", *The Nation*,

(March 21):327-328.

1981f "The Joy of Real Estate", *The Nation*, (May 16):605-609.

1981g "Magazine Merchants of Death", *The Nation*, (July 4):19-29.

1981h "Pentagon Puffery", *The Nation*, (October 17):365-366.

1981i "Jeane's Designs", *The Nation*, (February 7):133-134.

1982a "The Retreat of the Right", *The Nation*, (October 23):393-403.

1982b "Europe in Search of Autonomy", *The Nation*, (February 27):235-245.

1982c "Ignorance as Public Policy", *The Nation*, (April 3):391-401.

1982d "Class in Image, Mass in Fact", *The Nation*, (April 17):459-461.

1982e "The Penalty of Having Politics", *The Nation*, (June 19):748-749.

1983a "Why Is There No Green Party in the United States?", *World Policy Journal*, 1:1(Fall):159-180.

1983b "I Was a Cold War Pawn", *The Nation*, (January 22):73-83.

1983c "Henry's Nemesis", *The Nation*, (July 23-30):85-86.

1984a *The Rise and Fall of the "Soviet Threat":
Domestic Sources of the Cold War Consensus*,
Boston: South End Press.

1984b "After Deployment: The Emergence of a New
Europe", *World Policy Journal*, 1:3(Spring):549-
574.

1984c "Nuclear Fundamentalism Reborn", *World Policy
Journal*, 2:1(Fall):87-108.

1984d "The New Counter-Journalism", *The Nation*,
(March 24):345-355.

1984e "The Rise of Logo America", *The Nation*, (May
26):633-643.

1984f "Toward a New Politics on the Left", *The Nation*,
(September 22):235-243.

1985a "In Defense of Utopianism: A Critical View of
Socialist Possibilities", *Dissent*, 32:3 (140),
Summer:320-328.

1985b "Academic Marxism Unleashed", *Contemporary
Sociology*, 14(3):296-298.

1985c "Why Danes Think We're Crazy", *The Nation*,
(May 11):560-562.

1985d "Why the Neocons are Losing Out", *The Nation*,
(September 28):275-283.

1986a "Crackpot Moralism, Neo-Realism and U.S.
Foreign Policy", *World Policy Journal*, 3:2

(Spring):251-275.

1986b "Inauthentic Democracy: A Critical of Public Life in Modern Liberal Society", *Studies in Political Economy*, 21(Autumn):57-81.

1986c "The Aim Is Ideological", *The Nation*, (September 13):215-219.

1987 "Toward a Political Sociology of Reaganism", *Contemporary Sociology*, 16(1):31-33.

1989a *Whose Keeper? Social Science and Moral Obligation*, California: University of California Press.

1989b "The Day-care Dilemma: A Scandinavian Perspective", *The Public Interest*, 95(Spring):14-23.

1989c "Market, State, and Sociology as Codes of Moral Obligation", *Acta Sociologica*, 32(3):221-236.

1989d "Human Beings and the Sociology of Erik Olin Wright", *Berkeley Journal of Sociology*, 34:57-63.

1990a "Sociology as a Vocation", *American Sociologist*, 21(2):136-149.

1990b "Social Theory and the Second Biological Revolution", *Social Research*, 57(3):615-648.

1991a "The Right to Welfare and the Obligation to Society", *Responsive Community*, 1:2(Spring):12-22.

1991b "Mind, Self, Society, and Computer: Artificial Intelligence and the Sociology of Mind", *American Journal of Sociology*, 96(5):1073-1096.

1991c "Change from the Bottom Up", in: Wolfe, Alan (eds.), *America at Century 's End*, California: University of California Press, pp.1-13.

1991d "Out of the Frying Pan, into...What?", in: Wolfe, Alan (eds.), *America at Century 's End*, California: University of California Press, pp.461-471.

1992a "Democracy versus Sociology: Boundaries and their Political Consequences", in: Lamont, Michele and Marcel Fournier (eds.), *Cultivating Difference: Symbolic Boundaries and the Making of Inequality*, Chicago: University of Chicago Press, pp.309-325.

1992b " Weak Sociology / Strong Sociologist: Consequences and Contradictions of a Field in Turmoil", *Social Research*, 59(4):759-779.

1992c "The Left 's Deadly Sin: Reflections on Richard Flack 's Making History", *Theory and Society*, 21(3):383-394.

1992d "Response to Robert Bellah", *Theory and Society*, 21(3):417-418.

1993a *The Human Difference: Animals, Computers, and the Necessity of Social Science*, California: University of California Press.

1993b   "The New Class Comes Home", *Partisan Review*, 60(4):729-737.

1993c   "What Ever Happened to Compassion", *Critical Review*, 7(4):497-503.

1993d   "Whose Body Politic?", *American Prospect*, 12(Winter):99-108.

1995a   "Realism and Romanticism in Sociology", *Society*, 32(2):56-63.

1995b   "Not Quite in Our Genes", *The Public Interest*, 118(Winter):106-114.

1996a *Marginalized in the Middle*, Chicago: University of Chicago Press.

1996b   "Psychology on Our Minds", *The Public Interest*, 122(Winter):115-118.

McCoy, Charles A. & Alan Wolfe

1972   *Political Analysis: An Unorthodox Approach*, New York: Thomas Y. Crowell Company.

Merton, Robert K. & Alan Wolfe

1995   "The Cultural and Social Incorporation of Sociological Knowledge", *American Sociologist*, 26(3):15-39.

Murphy, M. Brian & Alan Wolfe

1979   "Democracy in Disarray", *Kapitilistate*, 8:9-25.

Wolfe, Alan & Jerry Sanders

1979   "Resurgent Cold World Ideology: The Case of the

Committee on the Present Danger", in: Fagen,
Richard (eds.), *Capitalism and the State in U.S.-
Latin American Relation*, Stanford: Stanford
University Press, pp.41-75.

(二) 其他中文相關文獻

馬克思

1972　《資本論》，第一卷，《馬克思恩格斯全集》，
　　　　第二十三卷，北京：人民出版社。

1990　《1844經濟學哲學手稿》，伊海宇譯，台北：時
　　　　報出版社。

馬克思、恩格斯

1972　《馬克思恩格斯選集》，北京：人民出版社。

恩格斯

1989　《家庭、私有制與國家的起源》，台北：谷風出
　　　　版社。

洪鎌德

1986　《傳統與反叛——青年馬克思思想的探索》，台
　　　　北：台灣商務印書館。

1995　《新馬克思主義和現代社會科學》，台北：森大
　　　　圖書公司，第二版。

1996　《跨世紀的馬克思主義》，台北：月旦出版社。

1997a　《社會學說與政治理論——當代尖端思想之介
　　　　紹》，台北：揚智文化。

1997b　《馬克思社會學說之析評》，台北：揚智文化。

1997c　《人文思想與現代社會》，台北：揚智文化。

1997d 《馬克思》，台北：東大圖書公司。

1997e 〈從巴黎公社談到俄國村社——後期馬克思論社群〉，《思與言》，35(3)：1-37。

1998 《二十一世紀社會學》，台北：揚智文化。

1999 〈馬克思晚年對自由的析評〉，《哲學與文化》，26(3)：221-236。

洪鎌德、黃德怡

1994 〈葛蘭西國家觀的析評〉，《中山社會科學學報》，8(2)：1-40。

鄒永賢、余可平、駱沙舟、陸炳輝

1993 《現代西方國家學說》，福州：福建人民出版社。

藍欣開

1998 〈當代資本主義國家之危機趨勢——新馬克思主義學者歐斐的國家理論〉，淡江大學歐洲研究所碩士論文。

曾志隆

1998 〈後馬克思主義的革命理論：拉克勞與穆佛社會主義戰略之探討〉，淡江大學歐洲研究所碩士論文。

王振寰

1993 《資本、勞工，與國家機器》，台北：台灣社會研究叢刊04。

Dunleavy, Patrick & O 'leary Brendan 著，羅慎平譯

1994 《國家論》（*Theories of the State*），台北：五南

圖書公司。

Mandel, Ernest 著,張乃烈譯

1998 《馬克思主義經濟學簡論》(*An Introduction to Marxist Economic Theory*),台北:台灣社會研究雜誌社。

Miliband, Raiph 著,趙相明譯

1995 《馬 克 思 主 義 與 政 治 學 》(*Marxism and Politics*),台北:遠流出版公司。

(三) 其他英文相關文獻

Althusser, Louis

1971 "Ideology and Ideological State Apparatuses", in: *Lenin and Philosophy*, New York: Monthly Review Press, pp.127-186.

Barrow, Clyde W.

1993 *Critical Theories of the State*, Madison: University of Wisconsin Press.

Block, Fred

1987 *Revising State Theory: Essays in Politics and Postindustrialism*, Philadelphia: Temple University Press.

Bowles, Samuel & Herbert Gintis

1982 "The Crisis of Liberal Democratic Capitalism: The Case of the United States", *Politics and Society*, 11(1):51-93.

Carnoy, Martin

1984 *The State and Political Theory*, Princeton: Princeton University Press.

Clawson, Dan

1982 "End of an Era? Reagan and the 1980s", *Contemporary Sociology*, 11(6):614-616.

Gold, David A.; Clarence Y. H. Lo & Erik Olin Wright

1975 "Recent Developments in Marxist Theories of the Capitalist State", *Monthly Review*, (Oct-Nov):29-43; 36-51.

Gough, Ian

1979 *The Political Economy of the Welfare State*, London: The Macmillan Press.

Gramsci, Antonio

1992 *Selections from the Prison Notebooks*, ed. & trans. by Hoare, Quintin & G. Nowell Smith, New York: International Publishers.

Habermas, Jürgen

1975 *Legitimation Crisis*, Boston: Beacon Press.

1979 "Conservatism and Capitalist Crisis", *New Left Review*, 115(May-Jun):3-29.

1984 "What does a Legitimation Crisis Mean Today?", in: Connolly, Willian (eds.), *Legitimacy and the State*, Oxford: Basil Blackwell, pp.134-155.

Held, David & Joel Krieger

　　1983　　"Accumulation, Legitimation and the State: the Ideas of Claus Offe and Jurgen Habermas", in: Held, David (eds.), *States and Societies*, Oxford: Basil Blackwell, pp.487-497.

Hung, Lien-te

　　1984　　*The Hegelian and Feuerbachian Origins of Marx's Concepts of Man*, Singapore: Singapore University Press.

　　1985　　"Feuerbach's Influence on Marx's Early Concepts of the State: A Case Study of Political Sociology", *National Taiwan University Journal of Sociology*, 18:135-162.

Jessop, Bob

　　1977　　"Recent Theories of the Capitalist State", *Cambridge Journal of Economics*, 1:353-373.

　　1982　　*The Capitalist State*, Oxford: Martin Robertson.

　　1983　　"Capitalism and Democracy: the Best Possible Political Shell?", in: Held, David (eds.), *States and Societies*, Oxford: Basil Blackwell, pp.272-289.

Katznelson, Ira & Kenneth Prewitt

　　1979　　"Constitutionalism, Class, and the Limits of Choice in U.S. Foreign Policy", in: Fagen, Richard (eds.), *Capitalism and the State in U.S.-Latin American Relation*, Stanford: Stanford University

Press, pp.25-40.

Mandel, Ernest

1975   *Late Capitalism*, London: New Left Books.

Marcuse, Herbert

1962   *Eros and Civilization: A Philosophical Inquiry into Freud*, New York: Vintage Books.

Miliband, Ralph

1970   " The Capitalist State: Reply to Nicos Poulantzas", *New Left Review*, 59(Jan-Feb):53-60.

1973   "Poulantzas and the Capitalist State", *New Left Review*, 82(Nov-Dec):83-93.

1983a   "State Power and Class Interests", New Left Review, 138(Mar-Apr):57-68.

1983b   "Marx and the State", in: *Class Power and State Power*, London: Verso, pp.3-24.

Murphy, M. Brian

1981   "The Liberalism 's Impasse", *Kapitalistate*, 10-11:151-163.

O 'Connor, James

1973   *The Fiscal Crisis of the State*, New York: St. Martin 's Press.

1987   *The Meaning of Crisis: A Theoretical Introduction*, New York: Basil Blackwell.

Offe, Claus

1978   "Notes on the Future of European Socialism and

the State", *Kapitalistate*, 7:27-37.

1984   *Contradictions of the Welfare State*, Cambridge: The MIT Press.

Pino-Santos, Oscar

1979   "State Monopoly Capitalism: A Comment on Wolfe and Sanders", in: Fagen, Richard (eds.), *Capitalism and the State in U.S.-Latin American Relation*, Stanford: Stanford University Press, pp.76-81.

Poulantzas, Nicos

1969   "The Problem of the Capitalist State", *New Left Review*, 58(Nov-Dec):67-78.

1976   "The Capitalist State: A Reply to Miliband and Laclau", *New Left Review*, 95(Jan-Feb):63-83.

1983   "Towards a Democratic Socialism", in: Held, David (eds.), *States and Societies*, Oxford: Basil Blackwell, pp.601-614.

Przeworski, Adam

1985   *Capitalism and Social Democracy*, Cambridge: Cambridge University Press.

Ravenal, Earl C.

1977   "Foreign Policy Made Difficult: A Comment on Wolfe and Sanders", in: Fagen, Richard (eds.), *Capitalism and the State in U.S.-Latin American Relation*, Stanford: Stanford University Press, pp.82-89.

Skocpol, Theda

1980   "Political Response to Capitalist Crisis: Neo-Marxist Theories of the State and the Case of the New Deal", *Politics and Society*, 10(2):155-201.

1981   *State and Social Revolutions*, Cambridge: Cambridge University Press.

1985   "Bringing the State Back in: Strategies of Analysis in Current Research", in: P. B. Evans, Dietrich Rueschemeter & Theda Skocpol (eds.), *Bringing the State Back in*, Cambridge: Cambridge University Press, pp.3-37.

The Bay Area Kapitalistate group

1977a   "Political Parties and Capitalist Development", *Kapitalistate*, 6(Fall), pp.7-38.

1977b   "Setting National Priorities: A Critical Review", *Kapitalistate*, 6(Fall), pp.191-208.

1978   " Review of the Limits of Legitimacy ", *Kapitalistate*, 7:107-126.

Weiner, Richard R.

1981   *Cultural Marxism and Political Sociology*, London: Sage Publications.

國家圖書館出版品預行編目資料

伍爾斐 / 汪子惟著. -- 初版. -- 台北市：生智，
2002[民91]
面； 公分. -- （當代大師系列；26）
參考書目：面
ISBN 957-818-399-2（平裝）

1. 伍爾斐（Wolfe, Alan, 1942-　）- 學術思想 -
政治 2. 國家論

570.952　　　　　　　　　　　　　　　91007259

伍爾斐

當代大師系列26

著　　　者／汪子惟
編輯委員／李英明・孟樊・陳學明・龍協濤・楊大春・
　　　　　曹順慶
出 版 者／生智文化事業有限公司
發 行 人／林新倫
執行編輯／晏華璞
登 記 證／局版北市業字第677號
地　　　址／台北市新生南路三段88號5樓之6
電　　　話／(02)2366-0309　2366-0313
傳　　　眞／(02)2366-0310
E - m a i l ／book3@ycrc.com.tw
網　　　址／http://www.ycrc.com.tw
郵撥帳號／14534976　揚智文化事業股份有限公司
印　　　刷／科樂印刷事業股份有限公司
法律顧問／北辰著作權事務所　蕭雄淋律師
初版一刷／2002年7月
定　　　價／新台幣200元
Ｉ Ｓ Ｂ Ｎ／957-818-399-2
總 經 銷／揚智文化事業股份有限公司
地　　　址／台北市新生南路三段88號5樓之6
電　　　話／(02)2366-0309　2366-0313
傳　　　眞／(02)2366-0310